Maria-Gabriele Wosien · Sakraler Tanz

Maria-Gabriele Wosien

Sakraler TANZ

Der Reigen im Jahreskreis.
Tanzbeispiele mit Tonkassette

Kösel

CIP-Titelaufnahme der Deutschen Bibliothek

Wosien, Maria-Gabriele:
Sakraler Tanz : d. Reigen im Jahreskreis ; Tanzbeispiele mit Tonkassette / Maria-Gabriele Wosien. – München : Kösel, 1988
ISBN 3-466-34194-9

Gesamtherstellung: Kösel, Kempten.
Umschlag: Günther Oberhauser, München.
Umschlagbild: Bernhard Wosien.
Choreographische Zeichen sowie Zeichnungen im Text (wo nicht anders angegeben): Peter Schimmel, München;
Nachzeichnungen S. 12, 28, 31, 40, 41, 101: Eva Amode, München;
Tuschezeichnung S. 48: Holger Schubert, München.
ISBN 3-466-34194-9

Inhalt

Vorwort

Der Tanz ist das dynamische Bild menschlicher Geschichte. Er berichtet von der Erfahrung der Begeisterung, von zeitloser, erfüllter Gegenwart, die den Menschen mit dem Göttlichen verbindet.
Tanz ist mehr als nur Spiegelung. In ihm lebt der Geist fort, der durch den Nachvollzug der tradierten Form wieder frei wird und sich in der Freude offenbart.
Geist und Natur, Gott und seine Schöpfung wurden in allen Mythen des Anfangs getrennt. Im Tanz als Glaubens- und Lebensübung verschmelzen sie erneut zur Einheit. Im Erlebnis der Gottesmitte sind die göttliche Freude und die Freude an der Welt eins:

Am Fest der Freude an der Lehre vergnügten sich die Jünger im Haus des Baalschem*; sie tanzten und tranken und ließen immer neuen Wein aus dem Keller holen. Nach etlichen Stunden kam die Frau des Baalschem in seine Kammer und sagte: »Wenn sie nicht aufhören zu trinken, wird bald für die Sabbatweihe kein Wein mehr übrig sein.« Er antwortete lachend: »Recht redest du. Geh also zu ihnen und heiße sie aufhören.«
Als sie die Tür der großen Stube öffnete, sah sie: die Jünger tanzten im Kreis, und um den tanzenden Kreis schlang sich lodernd ein Ring blauen Feuers. Da nahm sie selber eine Kanne in die rechte und eine Kanne in die linke Hand und eilte, die Magd hinwegweisend, in den Keller, um alsbald mit den gefüllten Gefäßen zurückzukehren.[1]

Der Reigentanz, wie er noch heute in der Folklore überliefert wird, ist ältestes Kulturgut des Abendlandes. Bis in die ersten Jahrhunderte des Christentums war er eingebettet in die religiöse Praxis und das Leben der Gemeinschaft; am Rande der Kultur- und Geistesgeschichte ist er bis in die Neuzeit hinein lebendig geblieben.

* Der Stifter der chassidischen Bewegung im 18. Jh. Rabbi Israel ben Elieser, genannt Baalschem.

Diese Überlieferung in ihrer großen Vielfalt bietet noch heute ein unerschöpfliches Angebot für die Bemühungen im religiösen Leben, in der pädagogischen und therapeutischen Praxis, Ansätze sinnerfüllter Gemeinsamkeit zu finden.
Das Anliegen dieser Arbeit ist es, im ersten Teil den religiösen und philosophischen Hintergrund, Inhalt und Form des Reigentanzes kulturgeschichtlich zu erläutern, und im zweiten Teil, anhand einer Reihe ausgesuchter Beispiele, diese Tradition einer *Meditation des Tanzes* wieder zugänglich zu machen. Es wurden dafür nur griechische Tänze ausgewählt, weil diese der mythologischen und kirchlichen Tradition unschwer zugeordnet werden können.
Tanzte der Mensch der Antike, so erlebte er die Götter um sich. Als Sterblicher war er umgeben und geleitet zu seiner Rechten von Apollo, dem Gott des Lichtes und der Erkenntnis, zur Linken vom Gott Dionysos, der ihn impulshaft zur ursprungsnahen Beseligung anregte, zum *en-theos-iasmos,* zur Gottinnerlichkeit. Dem Gleichgewicht des Weltgesetzes, daß Gott Geist *und* dunkler Drang ist, entspricht die Einheit von Takt (Apollo), Rhythmus (Dionysos) und Melodie. In der Vereinigung göttlich-menschlicher Elemente im Tanz, verkörpert durch die Brüder Dionysos und Apollo und ihren Propheten Orpheus, wurde Apollo auch verehrt als der Schöpfer des Reigens und Anführer der Musen, als das ordnende Prinzip, das dem Kunstwerk Klarheit und Übersicht verleiht. Dionysos dagegen war die pulsierende Vitalität, die Spannung und Entspannung als dynamisches Element der Ekstase. Orpheus verkörperte zwischen beiden Göttern das menschliche Anliegen, die nach Erlösung strebende Seele.
Von Orpheus, dem mythischen Sänger aus Thrazien, Sohn des Apollo und der Muse der Poesie, heißt es, daß er mit seinem Gesang in den waldigen Schluchten des Olymp, wo er aufwuchs, die wilden Tiere um sich versammelte, die still wurden und der göttlichen Musik lauschten. Mit seinem Gesang als Medium der Erlösung hemmte er das Brausen der Winde und Flüsse, wie er überhaupt durch die Musik alles Wilde bezwang und das Chaoti-

sche beschwichtigte. Es wird sogar berichtet, daß Bäume, Felsen und Tiere ihren Platz verließen, um seiner Stimme zu folgen.
Elemente dieses mythischen Bewußtseins leben, wie ich zu zeigen versuche, noch heute als Bewegungsarchetypen in den Rhythmen und in der Form des Reigentanzes fort. Der Rahmen kirchlicher Jahresfeste bietet dem Tanz noch regelmäßig seinen Raum, um als Teil lebendigen Brauchtums zu wirken.
Dieses Buch wendet sich besonders an alle, die in der Arbeit mit Gruppen Anregungen suchen für das Tanzen im Sinne einer Meditation, eines Gebetes in Bewegung.
Die Tanzbeispiele zu klassischer und kirchlicher Musik gehen in der Hauptsache auf die Arbeit meines Vaters, Bernhard Wosien zurück. Die von ihm eingeführte *Meditation des Tanzes* hat seit den sechziger Jahren weite Verbreitung gefunden.
Die Schwierigkeit, Dynamik durch das statische Medium des gedruckten Wortes zu vermitteln, soll die begleitende Tonbandkassette erleichtern. Auf ihr sind die zu den einzelnen Tanzmodellen gehörenden Musikbeispiele zusammengefaßt.
Danken möchte ich meinem Vater Bernhard Wosien für grundlegende Anregungen zu diesem Buch, Prof. Demetrios Loukatos, Athen, und Prof. Roderyk Lange, Jersey Ch. I., für ihre Hilfe mit bibliografischen Hinweisen; dem Dora Stratou Institut, Athen, für die freundliche Zurverfügungstellung ihrer musikalischen Aufnahmen; Magdalena van Dijk für ihre Mithilfe an diesem Projekt, und allen Freunden des Reigentanzes für ihre Unterstützung.

München, im Januar 1988 *Maria-Gabriele Wosien*

Erster Teil: Der Reigentanz

Wandernd in kreisender Drehung,
all-umschlingendes Band,
Wächter von Äther und Erde . . .

(Orphischer Hymnus an Uranos)

1 Von den heiligen Zeichen

Nach einer frühgriechischen Schöpfungsgeschichte entstand einst die Welt aus dem Urtanz der Göttin Eurynome, der »weit Wandernden«, die tanzend den Kosmos gebar:

Am Anfang war Eurynome, die Göttin aller Dinge.
Nackt erhob sie sich aus dem unendlichen Raum.
Aber sie fand nichts Festes, worauf sie ihre Füße setzen konnte.
Daher trennte sie das Meer vom Himmel und tanzte einsam auf seinen Wellen.
Sie tanzte gen Süden, und hinter ihr erhob sich der Wind.
Sie wandte sich um, erfaßte den Nordwind und rieb ihn zwischen ihren Händen.

Da wurde es Ophion, die große Schlange.
Eurynome tanzte wild und immer wilder, bis sich Ophion um ihre göttlichen Glieder schwang und sich mit ihr paarte.
So wurde sie vom Nordwind schwanger.
Dann nahm Eurynome die Gestalt einer Taube an,
ließ sich auf den Wellen nieder und legte zu ihrer Zeit das Weltenei.
Auf ihr Geheiß wand sich Ophion siebenmal um dieses Ei,
bis es ausgebrütet war und aufsprang.
Aus ihm fielen alle Dinge: die Sonne, Planeten, Sterne, die Erde mit ihren Bergen und Flüssen, ihren Bäumen, Kräutern und lebenden Wesen.[2]

Das große Urwesen des Raumes, das »seiend war ehe alles andere ward«, das den Samen von Göttern, Menschen und allen Kreaturen erschuf, hatte als Symbolzeichen seiner heiligen Zeugungstat zwei ineinanderliegende Schalen: ○ bzw. ( ), die auch als die beiden Teile der Weltenschlange geschaut wurden. Diese Zeichen als Raummotive sind Grundelement der meisten Reigentänze. Sie bezeichnen die Einheit von Himmel und Erde, verbunden durch die Wege des Lichts. Die Wirbel als Windungen um das schöpferische Zentrum fanden Ausdruck in den Spiral- und Labyrinthformen als Wegsymbole einer Begegnung mit dem Zentrum der Welt.

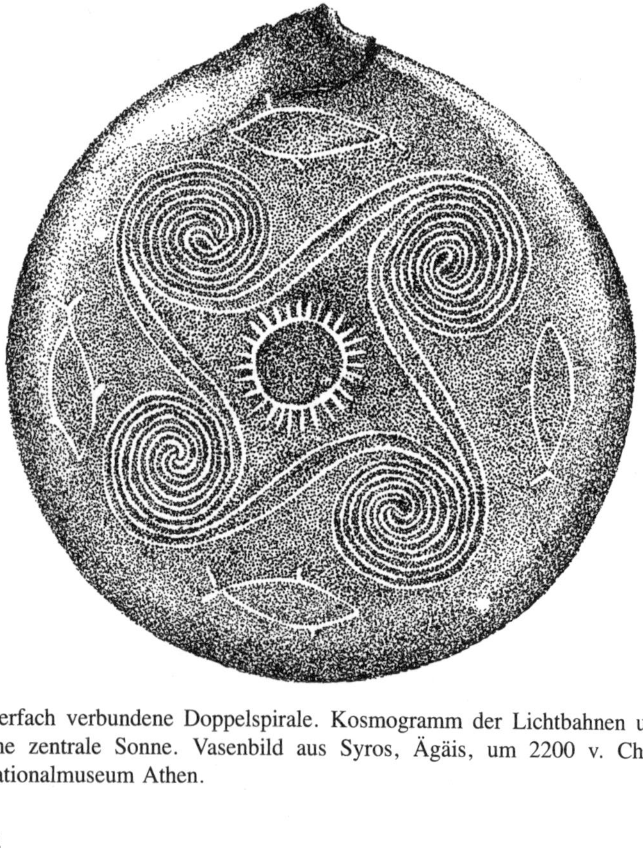

Vierfach verbundene Doppelspirale. Kosmogramm der Lichtbahnen um eine zentrale Sonne. Vasenbild aus Syros, Ägäis, um 2200 v. Chr., Nationalmuseum Athen.

Die Teilung des Kosmos in eine Ober- und Unterwelt wird verbunden mit den Bahnen der Mond- und Sonnenzyklen: mit dem höchsten und tiefsten Stand der Sonne, ihrem Tag- und Nachtlauf, den Phasen des Mondes und mit dem Wechsel- und Zusammenspiel beider in ewiger Wiederkehr.
In den Formen der Kreisreigen und ihren Varianten findet das Auf und Ab des Erscheinens und Vergehens von Mond und Sonne den symbolischen Niederschlag:

Es sind dies die Zeichen der Schlangenbahn des Lichts auf seinem zweiteiligen Weg im Jahreslauf, das Oben und Unten verbindend.
Varianten des Zeichens für die Vereinigung von Himmel und Erde, die im Schöpfungsmythos getrennt wurden, der sich alljährlich als kosmisches Gleichnis wiederholt, sind ebenso Grundmotive des Reigens, seiner Bewegungs- und Schrittformen:

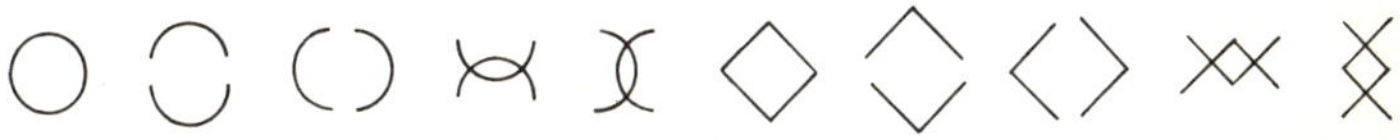

(Vgl. die Motive der Tanz-Modelle in Teil II.)
Innerhalb des Jahres-Runds sind die Wendungen und Bögen die Monate. Es sind in sich geschlossene Phasen oder Zyklen und somit gestaltgebende Teile eines Ganzen.
Der Gang der Göttin/des Gottes im Jahr als Mond- bzw. Sonnenwesen beinhaltet die Bewegungselemente von Auf und Ab, Vor und Rück, Hin und Her; dabei ist das Jahr in der Kultsprache gleichbedeutend mit Rad, Drehung, Weltenordnung, Gesetz, Wahrheit und Heiliger Brauch (vgl. lat. *ritus*, skrt. *ṛta*).
Der Sieg des Lichts über die Finsternis ist verbunden mit dem Aufstieg der Sonne, wie auch mit der »Drehung des Lichts« zur Zeit ihres tiefsten Standes. Es ist das Lichtmotiv aller Mysteriendramen und Unterweltreisen des Sonnenhelden (vgl. die Höllenfahrt Christi).

Im Ritus ist der Reigentanz symbolische Darstellung der Bewegungen des himmlischen Rades in seiner Auf- und Abwärtsdrehung und, in seiner Spiegelung im kleinen, des Kreislaufs des Lebens auf der Erde. Er ist Darstellung des Gesetzes des ewigen Wandels und seiner Offenbarung in Zeit und Raum.
Von diesem einheitlichen Leben des Menschen mit der vom göttlichen Geist lebendig durchwebten Natur zeugt noch heute das Weltverständnis der Indianer Nordamerikas, bei denen sich eine religiöse Tanztradition bis in unsere Tage hinein erhalten hat und ihm Ausdruck verleiht:

Alles, was die Kraft der Welt bewirkt, vollzieht sich in einem Kreis. Der Himmel ist rund, und ich habe gehört, daß die Erde rund wie ein Ball ist, so wie alle Sterne auch. Der Wind in seiner größten Stärke bildet Wirbel. Vögel bauen ihre Nester rund, denn sie haben die gleiche Religion wie wir. Die Sonne steigt empor und neigt sich in einem Kreis. Das gleiche tut der Mond und beide sind rund.
Auch die Jahreszeiten in ihrem Wechsel bilden einen großen Kreis und kehren immer wieder. Das Leben des Menschen beschreibt einen Kreis von Kindheit zu Kindheit, und so ist es mit allem, was eine Kraft bewegt. Unsere tipis [Präriezelte] waren rund wie Vogelnester und immer im Kreis aufgestellt, dem Ring unseres Volkes, ein Nest aus vielen Nestern, in dem wir nach dem Willen des großen Geistes unsere Kinder hegten und großzogen.[3]

Im Kreis als Spiegelbild des Weltalls sind die Gegensätze aufgehoben und ist jede Potenz enthalten, Anfang und Ende fallen in ihm zusammen, seine Mitte ist der Schoß der Welt.
In einer bewegten Klang- und Lichtvision schaute der Prophet Ezechiel das »Kreisen der Sonne« mit ihren vier Kardinalpunkten als heilige Wendezeichen. Diese Bewegtheit war ihm lebendiger Ausdruck des unfaßbaren schöpferischen Impulses:

... und ich sah, und siehe es kam ein ungestümer Wind von Mitternacht her mit einer großen Wolke voll Feuer, das allenthalben umher glänzte, und mitten in dem Feuer war es lichthell ... Und darin war es gestaltet wie vier Tiere und dieselben waren anzusehen wie Menschen ... Als ich die Tiere so sah, siehe da stand ein Rad auf der Erde bei den vier Tieren und war anzusehen wie vier Räder. Wo

der Geist [die Tiere] hintrieb, da gingen sie hin, und die Räder hoben sich neben ihnen empor...
Und über dem Himmel, so oben über ihnen war, war es gestaltet wie ein Saphir, gleich wie ein Stuhl; und auf dem Stuhl saß einer, gleich wie ein Mensch gestaltet. Und ich sah, und es war lichthell, und inwendig war es gestaltet wie ein Feuer um und um... Gleich wie ein Regenbogen steht in den Wolken, wenn es geregnet hat, also glänzte es um und um. Dies war das Ansehen der Herrlichkeit des Herrn...[4]

Die Abläufe unaufhörlicher dynamischer Bewegung, gehalten in der Ruhe des gigantischen kosmischen Raumes, sind unserem Auge heute ebenso wahrnehmbar, wie die Struktur der Zellen und Atome. Die extrem gepolten Erscheinungsformen des riesig Großen und winzig Kleinen gründen ihre Existenz in demselben Gesetz.
Das überwältigend Große demonstriert die Existenz einer nach Einheit strebenden Kraft, doch auch die kleinen Dinge zeigen ihre Größe in harmonisch ausgewogenen ganzheitlichen Grundmustern, in Kreis- und Spiralformen, wie die Struktur des Blutzellkerns, das Schema des DNS-Moleküls als Spiegelung kosmischer Gesetzmäßigkeiten, die sich um einen Mittelpunkt orientieren.
Der Kreis göttlichen Wirkens umspannt das All, doch ist Gott ebenfalls die Welt, und so ist auch die Vorstellung von der Welt als Erscheinung und Symbol des Geistes grundlegend für den religiösen Tanz.
Die Urbilder des Mythos sind unendlicher Wandlung fähig und bleiben doch stets dieselben. Ihre Wahrheit ersteht in jedem Zeitalter neu dadurch, daß sie vom Zeitgeist entsprechend neu belebt und gedeutet werden. Konstant bleiben das dem Leben zugrunde liegende Gesetz, die das menschliche Leben und die Welt bestimmenden rhythmisch-zyklischen Strukturen der Ausdehnung und Kontraktion, des Erscheinens und Vergehens.
Der Tanzreigen ist deshalb auch Symbol der zyklischen Zeit, die den Urgrund immer wieder aktiviert und aus dem das Leben auf der Erde verjüngt hervorgeht.

Der dynamischen Wechselbeziehung des Sichdurchdringens von Raum und Zeit entspricht in den Tanzmandalas des Reigens die Vergegenwärtigung der Mitte durch die sie umkreisenden Tanzformen.
Der Weg um die Mitte, hin zur Mitte, faßt die räumliche Weite in Einheit zusammen. Dieser Mitte entspricht das Göttliche und seine Wirklichkeit, die allem Sein gleichermaßen zugeteilt ist.
Die Umwandlung der Mitte führt unmerklich zur inneren Wandlung, zur Erneuerung des ganzen Menschen, zur Intensivierung des gesamten Lebensprozesses. Tanzend wandelt sich der Mensch von einem bisherigen zu einem künftigen Zustand, dabei ist ein häufiges Motiv der Weg von der Peripherie zur Mitte als Teil des Gesamtthemas des Wandelns auf den göttlichen Spuren.
Nach dem Gesetz der Wandlung, welches das zyklische Entstehen und Vergehen des Lebens bewirkt, und dem selbst die Götter unterstehen, ist auch die Gottheit des Anbeginns aufgerufen, ihr Werk wieder zu zerstören, um es neu zu erschaffen.
Jeden Abend, ehe die Sonne untergeht, tanzt Shiva, der Herr des Tanzes, auf dem Gipfel des Kailasha als dem Zentrum der Welt, um die Schöpfung in ihrer Ganzheit zu erhalten. Nach dem indischen Mythos begann der Tanz in seiner Polarität von Ruhe und Bewegung mit Shiva, dem kosmischen Tänzer, und mit ihm begannen die Zeit und das Leben.
Als der Gott anfing, sich nach dem Rhythmus seiner Trommel zu bewegen, nahm das Universum allmählich Gestalt an. Auch die Erde wurde geschaffen und erwachte zu pulsierendem Leben. Die Flamme in des Gottes linker Hand hält dem Leben das Gleichgewicht: das Gewordene wieder zerstörend, rafft die Zeit das Leben ein, um es zu verwandeln und neu zu gebären.
Der beseligende, allumfassende Bewegungstraum und -taumel wurde einmal gebannt und zerlegt in unendlich viele Zeit-Raumphasen. In der Bildsprache des griechischen Mythos kastriert Chronos, der Gott der Zeit, seinen Vater Uranos, den Gott des unendlichen Himmelsgewölbes – die lineare, chronologische Zeit, das Bewußtsein von Anfang und Ende durchschneidet die kreisende Ewigkeit.

Durch den Fall aus dem Paradies erwacht das Bewußtsein zu sich selbst, die universale Schau weicht dem Erleben der Zeit als einer Folge von Augenblicken: Zahl, Maß, Ordnung, Anfang, Ende, Rhythmus, Melodie, Takt werden zu gestaltgebenden Faktoren. Der Mensch erlebt sich eingespannt zwischen Himmel und Erde, zwischen Raum und Zeit.
Der griechische Reigentanz *Koftós* (»geschnitten«, vgl. 2. Teil) bewahrt noch heute diese Urerinnerung von sieben fließenden, sich aneinanderreihenden Bewegungsphasen von wechselnden Rückwärts- und Vorwärtswendungen im Daktylos-Rhythmus (–́ ◡ ◡), die von einer achten Phase als Stop, Schnitt oder auch Pause unterbrochen werden. Dabei stehen die Tänzer einen Moment zur Mitte ausgerichtet.
Wie jedes Kunstwerk ist auch der Reigentanz geboren aus dem Urfeuer der Begeisterung, im Dunkel des Unbewußten gewachsen und erst allmählich durch die Kräfte des Bewußtseins zur Vollendung gereift.
Entsprechend den in der Natur beobachteten Strukturen ist der Tanz eine harmonische Verbindung komplementärer Gegensätze. Das trifft zu sowohl für die musikalische Formulierung dieser Gesetzmäßigkeiten durch Takt, Rhythmus und Melodie, wie auch für die Kombination der Bewegungsmotive und Schrittfolgen. Innerhalb des übergeordneten Rahmens des Bewegungsthemas fügen sich die Strukturelemente des Tanzes als unterschiedliche, sich ergänzende Komponenten zusammen, wobei jeder Teil seine Identität behält und zugleich in einem größeren Ganzen aufgeht.
Von der Vorzeit bis in die Anfänge des Christentums suchte der Mensch sein Leben im Jahreslauf durch Kulte und Feste in Einklang zu bringen mit der kosmischen Ordnung des Jahres, mit den Rhythmen von Sonne und Mond, mit dem Kreisen der Planeten.

Modellform aller Reigen ist der Kreis. Er ist Abbild des Tierkreises, wobei die Sonnensymbolik – geschlossener Kreis: ⊙ – sich mit der Mondsymbolik – offener, bzw. Halbkreis: ☽ – verbindet mit einer dunklen, unsichtbaren Hälfte, um in der Verbindung von Kreis und Halbkreis die Symbolik des Sonnenlaufs in der Doppel- oder der Umkehrspirale anschaulich zu machen: . Die Umkehrspirale symbolisiert somit die sich entfaltende und wieder abnehmende Kraft der beiden Sonnenjahrhälften:

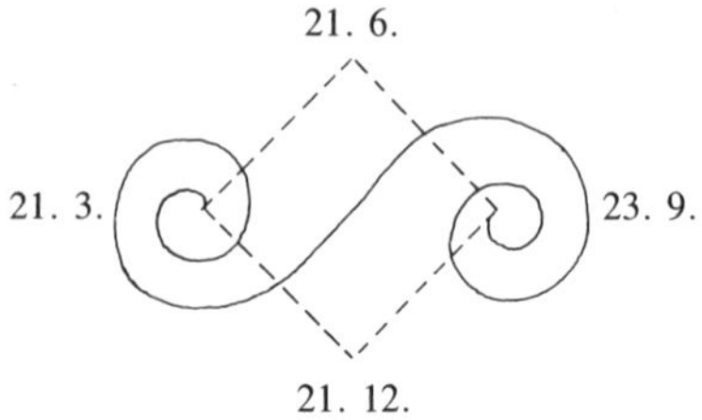

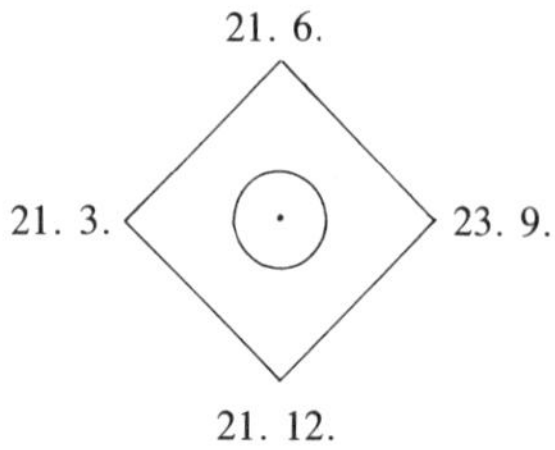

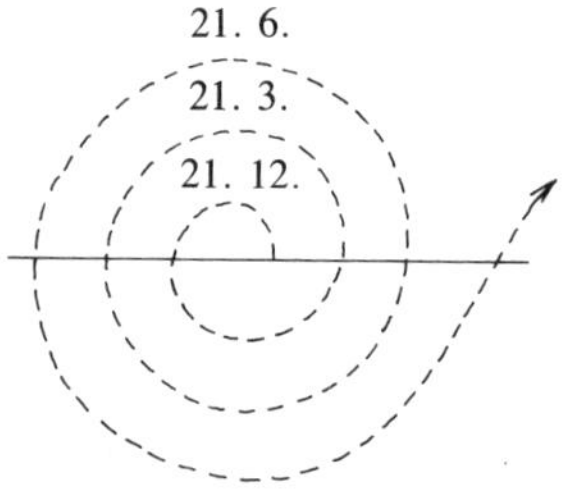

Spirale und Rhombus mit dem zentralen Sonnenauge und den vier Wendepunkten sowie die Verbindung von Kreis und Halbkreis sind die urtümlichsten und zugleich allgemeingültigsten Zeichen für den Weg des Lichts im Jahr. Diese Symbole, die seit ältesten Zeiten in kultische Steine geritzt oder gehauen wurden, sind grundsätzliche Aussagen einer kosmischen Gesetzmäßigkeit und Ausdruck menschlicher Wahrnehmung. Für diese Symbole gibt es ungezählte Beispiele in der europäischen Tanzfolklore, wo sie zwar als Raumformen erhalten sind, doch kaum mehr als religiöse Wegsymbole gelehrt oder erfahren werden. (Vgl. 2. Teil.)

Das Tanzen des Lichtweges ist menschlicher Nachvollzug des ewigen Schöpfungsgeschehens in seiner Dynamik von Stirb und Werde in einem ständigen Verwandlungsprozeß. Durch diesen Nachvollzug wird der Mensch zum Mitschöpfer des gleichermaßen zeitlosen wie zeitgebundenen Ablaufs.
Der Nationaltanz der Griechen, *Kalamatianós,* verbindet noch heute religiöse Elemente mit spontaner festlicher Freude:

... Man kann nicht beschreiben, wie überwältigend die Stimmung sich hebt, wenn Hunderte ... in kindhafter, ausgelassener Fröhlichkeit einen *Kalamatianós* tanzen. Dann fließen die Menschen in verschlungenen, labyrinthartigen Ketten bunt durcheinander. Von den rasanten Rhythmen angefeuert, laut singend, tanzen sie Knäuel und Entflechtungen, wiegend und stampfend, alles mitreißend, was hier zum Fest der Gottesgebärerin, die zum Himmel auffährt, gemeinsam angetreten ist. Der Mond wandert am Himmel, die Sterne blinken herab, das Licht aus der weit geöffneten Kirche und die Ampeln über der Tanzfläche beleuchten den Kirchplatz von Mochos, das Dorf, die Rebenhänge und die dunklen Berge ringsum.
Demeter – Stella maris – Maria-Gottesgebärerin, dieses ist der Tag und die Nacht deiner Himmelfahrt. Deine Ikone, das »Abbild von deinem Urbild« schaut aus der Kirche hinaus auf die Menschen, die sich heute da draußen freuen ...[5]

Im Kreis als mikrokosmischem Abbild des kosmischen Urraumes findet sich der Mensch als Tänzer einer Schöpfung zugehörig wieder. Er transzendiert so das Gespaltensein des Schöpfungsaktes, der die Einheit des Anfangs in die Vielfalt zerstükkelte. Das Kreisen der Lichtbahn, der Planeten wird im Tanz auf die Erde projiziert. Es wird somit zum himmlischen Modell für die Wiederholung von etwas Grundsätzlichem auf der Erde in immer neuer Form als dauernde Verwandlungsübung.
Die Ordnung im Reigentanz beruht für den Tänzer auf einer totalen Partizipation, einer andächtigen Hinwendung des ganzen Menschen durch das Begehen des Kreishorizontes, der sich um eine Mitte bewegt. Der tanzende Mensch, der in der Gemeinschaft der Mittänzer auf dem Weg ist, den ihm die Lichtbahn vorzeichnet, ist lebendiges Symbol für die Verbindung von

Himmel und Erde und in sich selbst ein vollkommener Mikrokosmos. Sein individueller Bewegungslauf wird geordnet, zentriert und durch die Kraft der Mitte belebt und erhalten.

Stilisiertes Radkreuz der Sonne als vierteiliges Menschengeflecht, altirisch. Aus H. Kükelhaus, *Urzahl und Gebärde,* Zug 1984, S. 97.

Die Form des Reigens ist Symbol für die Wohlgeordnetheit der Welt und spiegelt ein ganzheitliches Menschenbild. Sie wurzelt in dem Glauben, daß die Seele vor ihrer körperlichen Geburt um Sinn und Ziel ihres Daseins auf der Erde weiß, daß dieses absolute Wissen aber zurückgelassen wurde, um es im irdischen Leben wiederzuentdecken.

Reigentänze orientieren sich am Lauf der Gestirne, sind aber auch mit Labyrinthvorstellungen verbunden, die auf Erd- und Wachstumsriten zurückgehen. Ihr symbolischer Ausdruck spiegelt somit himmlische und irdische Gesetzmäßigkeiten.

Labyrinthwege und doppelte Spiralmuster sind Hinweis für den Glauben an die Wiederkehr des Lebens, das durch den Tod führt; nachweislich gehen sie bis ins Neolithikum zurück.
Das Labyrinth ist Prototyp für den Weg der Transformation und Modell für viele Stätten der Einweihung. Nicht die Mitte ist das Ziel, als Ort, wo man verweilt, sondern sie ist der Punkt der Umkehr und Neugeburt. Labyrinthheiligtümer waren der periodisch sterbenden Gottheit und ihrer Auferstehung geweiht, an der der Mensch durch das Begehen des Todes- und Lebensweges teilhat.
Das Thema Leben – Tod – neues Leben innerhalb der Labyrinthvorstellungen ergibt sich aus der dauernd wechselnden, pendelnden Bewegungsrichtung von links nach rechts, das heißt mit und gegen den Sonnenlauf. Dabei bezeichnet die Richtung des Sonnenlaufs das Leben von Geburt bis Tod, und die Bewegung entgegen dem Sonnenaufgangspunkt, das heißt nach dem ewigen Osten, die Richtung des neuen Lebens.
Das Erlebnis des Labyrinthweges ist auch Sinnbild für den schweren Weg, den Umweg, der in seiner Gesetzmäßigkeit aber direkt zum Zentrum führt. Dort, nach der entscheidenden Begegnung mit der Mitte, erfolgt die Umkehr. Wer das Labyrinth verläßt, ist ein Wiedergeborener.
Den kretischen Labyrinthtanz des Theseus mit den sieben männlichen Geiseln, und in ihrer Verdoppelung der sieben Jungfrauen, hat man versucht mit den traditionsgemäß sieben Windungen des Labyrinthes von Knossos und den sieben klassischen Planeten zu verbinden; danach stellen die Windungen des Labyrinthtanzes die Bewegungen der Himmelskörper auf ihren Bahnen dar (siehe Abb. S. 22). Eine derartige nachgetanzte Sphärenmusik wird, nach der Struktur des griechischen Chorreigens, in einem Text aus dem vierten nachchristlichen Jahrhundert beschrieben:

Die fünf Wandelsterne . . . mit Sonne und Mond [geben] durch ihre aufeinander abgestimmten Kreisbahnen die lieblichsten Klänge wieder. Dementsprechend sang der Chor [des Theseus] in der Weise, daß er den Lauf und den harmonischen Gesang der Welt nachahmte: zuerst schwenkte er sich im Dreischritt nach rechts [Strophe], wie

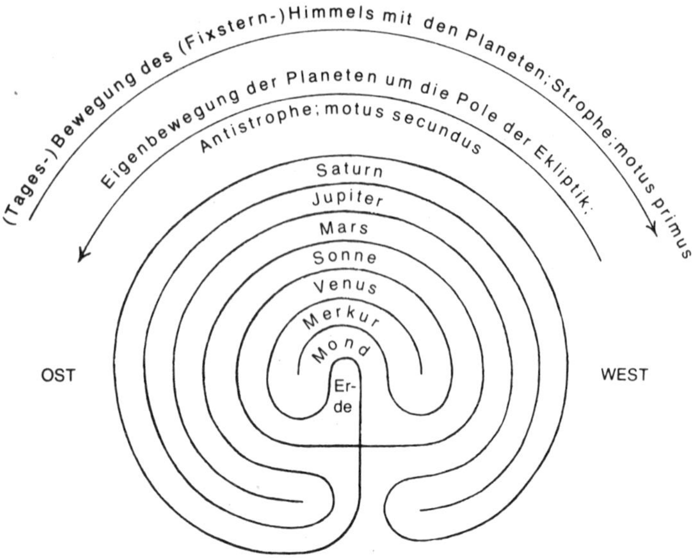

Versuch einer Deutung der Labyrinthwege als Imitation der Planetenbahnen, nach Marius Victorius, 4. Jh. v. Chr. Aus A. Kern, *Labyrinthe,* München 1982, S. 41.

denn auch der Himmel von Ost nach West sich nach rechts hin dreht; dann tanzte er nach links zurück, wie ja der Mond und die anderen ... Planeten linkswärts von Westen nach Osten eilen; drittens sangen sie im Stehen [Epode-Abgesang], weil die vom Himmel umkreiste Erde unbeweglich mitten im Weltall steht.[6]

Überliefert ist auch die Schilderung eines *choros* in labyrinthartiger Tänzerkette durch die Darstellung auf dem von dem göttlichen Schmied Hephaistos geschaffenen Schild des Achilles:

Blühende Jünglinge dort und reich begürtete Mädchen
tanzten den Reigen und hielten einander gefaßt bei den Händen.
Duftige Schleier trugen die Mädchen und Hemden die Knaben,
schön gewebt und sanft erglänzend von schimmerndem Öle.
Zierliche Kränze trugen die einen, den andern hingegen
hingen goldene Dolche herab an silbernen Riemengehängen.

Kreisend liefen sie bald mit wohlbemessenen Tritten leicht umher,
als wenn ein Töpfer die passende Scheibe setzend
mit prüfenden Händen erprobt, wie schnell sie sich drehe;
Bald auch tanzten sie wieder in Reihen einander entgegen.[7]

Das Labyrinth des Daidalos, das man sich als ein *choros*-ähnliches *orchestron,* also einen runden Tanzplatz vorstellen muß, mit in den Boden eingelassenen Labyrinthspuren, war die Urform für den *geranos*-Tanz (*ger* = winden), den die Jünglinge auf der Insel Delos mit Gesang begleiteten und die Mädchen schweigend tanzten. In Erinnerung an den Ariadnefaden wurde beim Tanzen ein Seil gehalten, während man mit feierlichem Schritt die Befreiungstat des Theseus nachts bei Fackelschein um den Altar der Aphrodite tanzend feierte. (Vgl. *Tsacónicos.*)
Thema der Labyrinthtänze nach dem Prototyp des *geranos* war das Eindringen in eine Zone des Todes und seine Überwindung durch die Macht der Liebe. Auf ein mythisches Urbild zurückgehend, bedeuteten die Tänze ein Einweihungsritual einer Gruppe unter Anführung eines göttlichen Helden.
Der Tribut an den kretischen König Minos durch die Athener war alle neun Jahre fällig. Es war dies der immer wiederkehrende Zeitpunkt der heiligen Hochzeit von Sonne und Mond in Konjunktion. Sie wurde rituell gefeiert durch den König als Inkarnation des göttlichen Sonnenstieres (mit Stiermaske) und seine Mond-Königin. Damit wurde eine neue Periode seiner Herrschaft eingeleitet, die wiederum neun Jahre dauerte.
Diesem Tribut setzte die Tat des Theseus ein Ende. Der *geranos*-Tanz, der auf der Insel Delos noch bis zur römischen Kaiserzeit getanzt wurde, hatte deshalb auch die Funktion sympathetischer Magie: Die durch Theseus neu gestiftete Ordnung wurde feierlich aufrechterhalten unter Anrufung der Götter Apollo und Aphrodite. Somit wurde die Verehrung des Stieres als Sonnengott im minoischen Kulturkreis abgelöst durch die hellenischen Götter des olympischen Pantheons. (Vgl. in diesem Zusammenhang den Tanz *Hassapicos* im 2. Teil.)
Minos, der König mit der göttlichen Stiermaske, war auch das Symbol für den Lauf des großen neunjährigen Sonnenjahres. Er

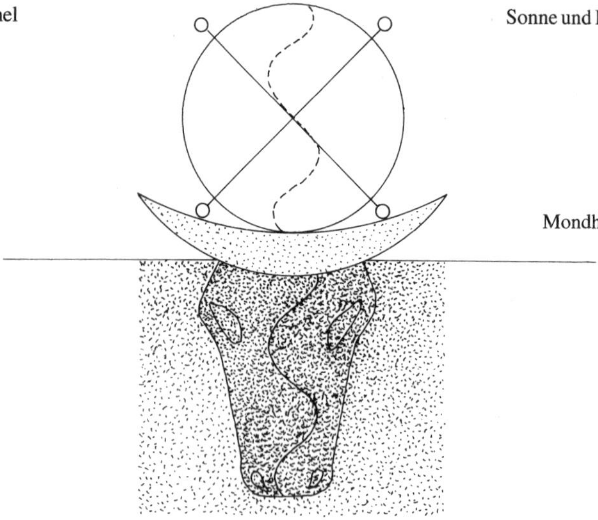

Symbolzeichnung von B. Wosien.

wird dargestellt in der typischen Haltung des Knielaufs, in sich ein Sonnenrad darstellend; als geometrisches Ornament ist dasselbe Motiv ein fortlaufendes Mäandermuster um ein zentrales achtspeichiges Sonnenrad.

Archäologen haben sich umsonst bemüht, auf Kreta Reste von Tempeln zu finden. Das Gebäude war der Tanz selbst als bewegliche Formation, dargestellt durch die Tänzer als seine wandernden Säulen, die mit dem Tanz in Erscheinung traten und sich mit seinem Ende auflösten. Was allein blieb, waren die Spuren, ein für alle sichtbares Bild des göttlich-menschlichen Tanzgeschehens im nachvollziehbaren Weg.

Auf eine vertiefte Bedeutung des Stiersymbols als Verkörperung des natürlichen Lebens weisen die überlieferten Reliefs des Mithraskultes hin. Bis zum vierten Jahrhundert war er nicht nur über den ganzen Vorderen Orient verbreitet, sondern durch die römischen Legionäre bis weit nach Nordeuropa hineingetragen worden.

Die Darstellungen zeigen den Gott in Menschengestalt als Abgesandten des Helios und höchsten Lichtgottes im Moment der Stiertötung. Die Auseinandersetzung mit dem Tier war bekanntlich eines der wichtigsten Anliegen des mythischen Bewußtseins. In diesem Zusammenhang ist die Tötung das notwendige Opfer, damit das Leben, sich verwandelnd, neues Leben hervorbringen kann.

Mithras im Augenblick der Stiertötung wendet sein verklärtes Antlitz dem Sonnengott zu. So ist der natürliche Mensch noch nicht der vollendete Mensch und deshalb das Motiv der Stiertötung auch nicht Abtötung, sondern der Schritt zur Verklärung. Mithras agiert zwischen dem irdischen Gottessymbol und dem Licht aus der Höhe und verkörpert das Bild des Menschen, der Herr über die Tiernatur wird.

Aus dem Körper des sterbenden Tieres entstehen alle Heilpflanzen der Erde, seinem Rückenmark entsprießt das Getreide, sein Blut wird zum Weinstock, der Leib des Stieres wird zum Altar, das irdische wird in das himmlische Feuer umgewandelt.

Der in Teil II aufgezeichnete Tanz *Hassapicos* wurde von der Kaste der Stierpriester als Opfertanz getanzt und ist bis in unsere Zeit lebendig geblieben. Unter anderem beinhaltet er Schritt für Schritt die Überwindung der eigenen Stiernatur als Hinweis, der eigenen Tierhaftigkeit veredelnd und läuternd zu begegnen und die Sonnenkraft des Gottes in sich aufzunehmen.

Sich die Welt als Erscheinung und Symbol des Geistes vorzustellen, ist für den Reigentanz grundlegend. Seine Tanzrichtung ist generell von Westen nach Osten, entgegen dem Uhrzeigersinn, und bedeutet den Weg der Sehnsucht zum ewigen Lichtausgangspunkt hin. Getragen wird der Tänzer von der Erinnerung, die aus dem Dunkel fließt. Der tänzerische Nachvollzug dieses zeitlosen Wegs ist gestaltet durch die Dynamik der Schritte, den Wechsel von Spannen und Lösen, das Auf und Nieder, Hin und Her, Vor und Zurück. Bildlicher Ausdruck dieser geordneten Lebensströme sind die Bandmotive auf frühen Kultsteinen, auf Friesen von Tempelanlagen, in Stick- und Webmustern von Folkloretrachten, auf Schmuckstücken.

Der Mensch des Altertums benötigte nur wenige sich wiederholende Bildmotive, mit denen er sich innerlich verband. Wenn er sie im Tanz feierlich nachvollzog, verlieh er diesem feinstofflichen Gewebe seiner Glaubens- und Vorstellungswelt lebendige Form und bleibenden Ausdruck.
Die mannigfaltigen Wegspuren göttlichen Wirkens werden im rituellen Brauchtum tänzerisch nachvollzogen, wobei immer das Ganze als modellhafte Einheit im Auge behalten wird. Daher ist die Verwirklichung des Vorbildes mit den Mitteln des Weges auch nicht nur Imitation, vielmehr führt eine solche getanzte Wegmeditation zum Wiedererscheinen des Urbildes, aus dem der Mensch sich geschaffen wußte. Diese Schau des Urbildes ist es, die den Menschen im Zustand der inneren Erregung, der Lösung hält. Im Tanz wird dieses Bildgeschehen in die Linien der Raum- und Bewegungsformen hineingenommen als ein federndes Kräftespiel.

2 Der Hymnus Christi

Nun hieß er uns einen Kreis bilden, indem wir die Hände ineinander legten, Er selber in die Mitte trat und sprach: »Respondiert mir mit Amen.«
Er begann also einen Hymnus anzustimmen und zu sagen: »Lobpreis sei Dir, Vater!« Und wir, Ihn umkreisend, stimmten Ihm zu mit »Amen«.

(»Reigen Jesu«, Johannesakten, Neutestamentliche Apokryphen)

Die kultische Praxis frühchristlicher Gemeinschaften kannte die Verbindung von Gesang, Instrumentalmusik und Bewegung, selbst von ekstatischer Improvisation. Es war das Erbe des Kulturkreises, in denen diese Gemeinschaften sich formten.[8]
Der Reigen, als Ritus von Tod und Wiedergeburt, hat sich in einer frühchristlichen gnostischen Gemeinschaft tradiert, die tanzend das Mysterium der göttlichen Geburt und des Leidensweges des Gottes auf der Erde zelebrierte. Der Reigen war ihnen Erfahrung des Weges und der Wiedergeburt im Geiste.
Seine thematische Intensität erhält der Reigen durch den Zeitpunkt des Abschiedes des göttlich-menschlichen Meisters, der an dieser Schwelle des Übergangs von der physischen Dimension des Seins zur Transzendenz den Weg weist, indem er die Jünger als Nachfolgende des Weges das Unsichtbare und Sichtbare in einer Einheit verbunden erleben läßt.
Der *Hymnus Christi*[9] beschreibt symbolisch die ganze Schöpfung als Tanz, indem er im besonderen den Astralmythos des Kreises des Zodiakus und den Weg der Sonne als achtspeichiges Radkreuz symbolisch miteinbezieht (vgl. im 2. Teil: *Hymnus Christi*):

Die Acht lobsingt mit uns.
Die Zwölf tanzt oben.
Dem All zugehört der Tanzende.

Wer nicht tanzt, begreift nicht,
was sich begibt.

Der Reigenführer ist Meister des Weges und fordert für das Erleben und Verständnis des getanzten Mysteriums die aktive Teilnahme des Jüngers.

Hier steht Christus für den göttlichen Logos und ist durch seine Position im Zentrum des Kreisgeschehens identisch mit dem göttlichen Ursprung, aus dem heraus er seine Existenz, seinen Lehrauftrag erhält und in den er wieder eingeht nach Beenden seines Auftrages. Christus als Vermittler zwischen den Welten

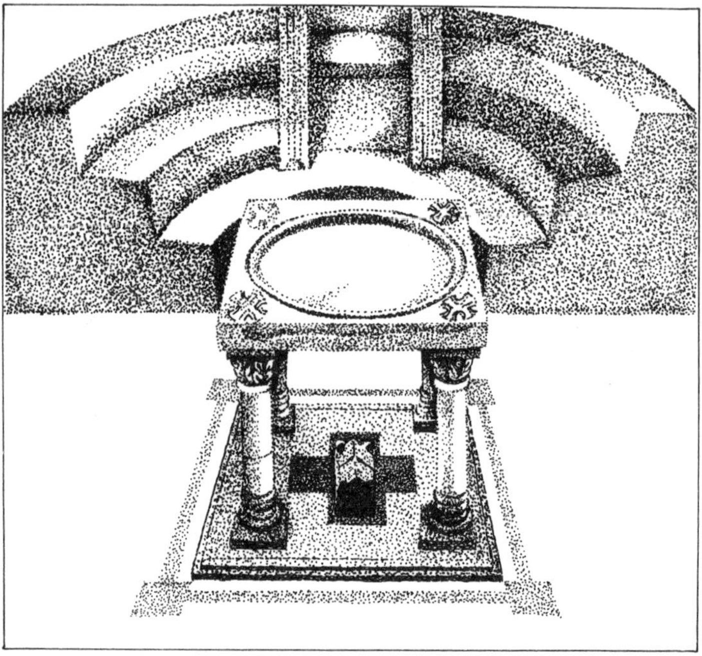

Symbolische Vereinigung von Himmel (Kreis) und Erde (Quadrat). Rekonstruktion eines Altars aus Anchialos, Thrazien, frühchristlich, 5.–7. Jh., Byzantinisches Museum, Athen.

des manifestierten Seins und der Transzendenz ist auch identisch mit der Weltachse, die Jünger bewegen sich um ihn herum in einem geschlossenen Kreis:

Eine Leuchte bin ich dir,
der du mich siehst.
Ein Spiegel bin ich dir,
der du mich erkennst.
Eine Tür bin ich dir,
der du an mir anklopfst.
Ein Weg bin ich dir,
dem Wanderer...

Die Nachfolge des Weges ist nur möglich über den Meister als Spiegel. Der Hymnus ist Sinnbild des zeitlosen Themas der ewigen Wiederkehr und des Sterbens der Gottheit, die durch ihr Wirken im Einklang mit der kosmischen Gesetzlichkeit das Leben erneuert. Das Leben des Gottes auf der Erde entspricht einem Opfer, das durch die Notwendigkeit des freiwilligen Todes eine gesteigerte Intensität erfährt:

Wenn du aber Folge leistest
meinem Reigen,
sieh dich selbst in mir,
dem Redenden,
und wenn du gesehen hast, was ich tue,
schweige über meine Mysterien.
Der du tanzt, erkenne was ich tue,
weil dein ist dieses Leiden des Menschen,
das ich leiden werde...

Im besonderen klingt an die Notwendigkeit der Inkarnation des Göttlichen für den Auftrag und Weg des Menschen:

Ich will, daß ausgerichtet werden
heilige Seelen nach mir...
Ich hüpfte, du aber begreife das Ganze.

Der Tanz folgt den Gesetzen der Ewigkeit, und auf den Moment der Wahrheit folgt die Vision: die Wirklichkeitserfahrung am Schnittpunkt der Achsen in der Mitte des kreisenden Kreuzes gipfelte bei dem Jünger, der nach den Berichten der Schrift dem Meister am nächsten war, in einer kosmischen Schau, die dem Mysterium des Reigens als menschlichem Drama erst seine wahre Tiefe verleiht. Johannes sieht das Kreuz verwandelt in reines Licht, den Meister selbst nimmt er wahr als himmlische Stimme, die ihm die Einheit des Gegensätzlichen offenbart:

Er zeigte mir ein festgemachtes Lichtkreuz, und um das Kreuz herum eine große Volksmenge, die nicht nur eine Form hatte ... [als] die Begrenzung aller Dinge und die starke Erhebung des aus Unbeständigem Gefestigten und die Harmonie der Weisheit ...

Der Auferstandene offenbart sich dem Jünger aus dem unsagbaren Ort der Ruhe heraus und weist zuletzt auf die Unaussprechlichkeit des Mysteriums der Alleinheit hin. Dieses Mysterium ist nach seiner Aussage allein in der Harmonie des Reigens erfahrbar: »Wer nicht tanzt, weiß nicht was sich begibt.«
Der Hinweis auf die Nachfolge des Weges aus der Perspektive des Göttlichen aber, als ganz konkrete Aufgabe menschlicher Ausrichtung, orientiert sich am zentralen Symbol des Kreuzes:

Die nicht einförmige Menge um das Kreuz ist die untere Natur ... noch ist nicht jedes Glied des Herabgekommenen zusammengefaßt. Wenn aber die Menschennatur und ein mir nahekommendes und meiner Stimme folgendes Geschlecht aufgenommen ist, wird der, der mich jetzt hört, mit diesem vereint werden und nicht mehr sein, was er jetzt ist, sondern über ihnen sein, wie ich jetzt. Denn solange du dich noch nicht mein eigen nennst, bin ich nicht das, was ich bin.

Der Jünger als Tänzer auf dem Weg sehnt sich nach einem Totalerlebnis des Göttlichen und Gott nach dem ganzen Menschen: durch das Opfer des Aufnehmens der unteren Natur wird dem Initianden die Transformation als Zentralmotiv des Weges bedeutet. (Vgl. im 2. Teil: *Weg – Meditation*.)

Ausschnitt des Jüngsten Gerichts. Christus thronend auf einem Regenbogen in einer Aura von Engeln, die Füße auf einem von Engeln gebildeten Unendlichkeitszeichen, die Hände in der klassischen Handhaltung des Reigens über dem aufgerichteten Todeskreuz. Ikone, griechisch, 16. Jh., Iraklion, Kreta, Kathedrale des hl. Minas.

3 Kirchentanz

Der Raum, als Element des Göttlich-Weiblichen, hat im Christentum des Mittelalters seine besondere Gestaltung in den Kathedralen Frankreichs gefunden, die der Jungfrau Maria geweiht waren. Das Sternbild Virgo wurde als Kosmogramm auf die Erde projiziert, so daß die Verbindungslinien der bedeutendsten Marienheiligtümer zueinander das Sternbild der Jungfrau ergaben.[10]

Doch kann jede Kathedrale auch für sich als ein Kosmogramm des Gott-Menschen in der Form eines Kreuzes gelesen werden, der in den Grundriß des Kirchenraumes eingespannt ist. Der Weg des Pilgers führte ihn durch diesen, in den harmonischen Proportionen des Universums gestalteten Sakralraum, vom Westportal mit seiner Abbildung des Jüngsten Gerichts nach Osten hin, zum Allerheiligsten, dem Ort des Ewigen Lichtes.

In den Kirchenlabyrinthen gotischer Kathedralen wurden die Windungen des Labyrinthes, die häufig im Mittelschiff in der Nähe des Westportals in den Boden eingelassen waren, entsprechend dem christlichen Glauben durch das Achsenkreuz strukturiert. Das Labyrinth als Unterwelt war somit der Beginn einer symbolischen Wegkonstruktion.

Es hatte elf Umgänge und nicht sieben, wie das Labyrinth der Antike. Es gab achtundzwanzig Umkehrpunkte der Windungen, was etwa einem Mondzyklus entspricht. Durch dieses Symbol ist die Welt gegliedert in einen überschaubaren Kosmos mit vier Quadranten. Der Labyrinthweg ist durch die Überlagerung des Kreuzes in gewisser Weise zu einem Kreuzweg geworden: das Kreuz im Labyrinth ist Hinweis auf die Verheißung der Erlösung. Herr dieser Welt ist Christus, der in manchen Darstellungen im Zentrum den Satan besiegt. Der Weg des Pilgers zum Altar führt ihn durch das Labyrinth.

Das Labyrinth als Initiationsmodell diente der Verinnerlichung des Weges innerhalb des kirchlichen Sakralraumes. In Chartres bedeutete sein alter Name *›lieue‹* – Meile, das heißt der gebotene

Weg. In der Kathedrale von Auxerre, die Mitte des 14. Jahrhunderts eingeweiht worden ist, hat es ein Labyrinth gegeben, das zwar im 17. Jahrhundert zerstört wurde, aber es hat sich ein Bericht über einen damit verbundenen Ritualtanz des Domkapitels erhalten. Es handelte sich um einen Tanz mit Ballspiel um das Labyrinth, der am Ostersonntag stattfand.

Der Ball als Symbol der leuchtenden Sonne und in seiner Erweiterung für den auferstandenen, siegreichen Christus *(sol invictus),* wurde von den Tanzenden mit beiden Händen gehalten, nachdem ihn der jüngste Kanoniker am Westportal vom Dekan in Empfang genommen hatte. Alle Teilnehmer am Ritualtanz hatten das Haupt mit ihrer Kapuze bedeckt.

Mit dem Beginn des Reigens, der von Orgelmusik begleitet wurde, stimmte der Dekan die Ostersequenz an, um dann zum Rhythmus des Liedes im langsamen Dreischritt *(tripudium)* zu tanzen. Gleichzeitig faßten sich die anderen bei den Händen und tanzten zu einem anderen Schrittmaß einen Reigen um das Labyrinth, während der Dekan den eingelegten Labyrinthweg entlangschritt. Währenddessen reichte/warf er die leuchtende Sphäre, das Symbol der auferstandenen Frühlingssonne, den Teilnehmern des Reigens aus dem dunklen Innenraum des Labyrinthes zu; dabei bewegte er sich den Labyrinthwindungen entsprechend hin und her. Tanzend folgte der Dekan der gewundenen Kreuzspur in das Labyrinth hinein und tanzte dann den Weg wieder hinaus. Anschließend begab man sich zum gemeinsamen Festmahl, der Agape.

Im Tanz hatte der Dekan die Funktion des Stellvertreters Christi, der als einziger den Todes- und Auferstehungsweg nachvollzieht und die österliche Gnade in der Form des Sonnenballs dann wohl erst auf dem Weg aus dem Labyrinth hinaus unter die Gemeinschaft der Heiligen austeilte. Auch für die Labyrinthe von Reims und Amiens wird von einem Ballspiel der Kleriker zur Ostervesper berichtet.

Die Christianisierung der Labyrinthfigur begann im 9. und 10. Jahrhundert, wodurch Christus und seine Lehre zum Ariadnefaden werden, der die Menschheit aus dem Labyrinth der Welt

führt, hin zur geistigen Wiedergeburt. Die weitere Umdeutung des Labyrinth-Weges als Reise nach Jerusalem, als Läuterungs- und Bußweg, war gedacht als Initiationsmodell für alle Gläubigen. Das Zentrum des Wegmandalas wurde dadurch zum Allerheiligsten, mit dessen Berührung, als göttliche Mitte und Zentrum der Welt, der Pilger die Wandlung erfuhr. Während der Mensch bis zur Mitte des Labyrinthes schritt oder tanzte, erlebte er in intuitiver Wahrnehmung die Gesetze und Harmonien der Natur und des Kosmos. Man ging barfuß und spürte so die unmittelbare Wirkung der Erdströmung, wurde gewandelt durch die Impulse der Erde und des geweihten Raumes über ihr.
In der Labyrinthmeditation wird das äußere Licht abgeblendet zugunsten der inneren Wahrnehmung. An den Schwingungen, die der Gläubige so intuitiv aufnahm, konnte er die Wahrheit als ein direktes Erlebnis erfahren. Der Abstieg ins Dunkel des eigenen Inneren ließ den Meditierenden Christus als die Sonne um Mitternacht erleben.
Alles was an religiöser Tanztradition im Rahmen des Christentums einmal lebendig war, hat sich nur andeutungsweise und sehr bruchstückhaft erhalten. Textüberlieferungen der Kirchenväter verweisen uns auf die ersten Jahrhunderte unserer Zeitrechnung; was sich erhalten hat, sind Prozessionen und Relikte einer einst reichen Gebärdensprache innerhalb der Liturgie. So bezieht sich auch der Begriff der Bewegtheit der Gläubigen auf ursprünglich körperlich-geistige Bewegungen:

Der Chor der den Psalter betenden hat seinen Namen erhalten von der *chorea canentium,* dem Tanzchor der Singenden der Antike, ... der die Götter mit ihrer Stimme lobte und ihnen mit dem ganzen Körper diente. Durch die Tänze aber wollten sie nachahmen den Umschwung des Firmaments; durch die Gesten der Hände die Verknüpfungen der Elemente; durch den Ton des Gesangs die Harmonie der zusammentönenden Planeten; durch die Bewegungen des Körpers den Gang der Sternbilder; durch das Klatschen der Hände und das Stampfen der Füße den Laut des Donners.[11]

4 Tanz in der abendländischen Mystik

Das Thema des Tanzes als innere ekstatische Erfahrung klingt gelegentlich auch an in der Mystik. Heinrich Seuse (1295–1366) beschreibt eine kosmische Vision als Tanz, unterscheidet aber zwischen einer weltlichen und himmlischen Art des Tanzes. Das Einswerden der Seele wird verbunden mit der Vorstellung von Christus dem Bräutigam als Spielmann und Vortänzer:

Da kam ein Jüngling zu ihm, und mit ihm viele stattliche Jünglinge, der gebarte sich . . . als wäre er ein himmlischer Spielmann, von Gott gesandt . . . er sprach, er solle seine Leiden aus dem Sinn werfen und ihnen Gesellschaft leisten; er müsse auch mit ihnen den himmlischen Reigen tanzen . . . Nun schaute er mit Freuden, wie sie die allerhöchsten Sprünge taten. Der Vorsänger verstand gar wohl zu spielen, er sang vor und sie nach. Und sie sangen und tanzten mit jubilierendem Herzen . . . Dieser Tanz war nicht beschaffen wie man in dieser Welt tanzt; es war gleichsam ein himmlisches Ausquellen und ein Wieder-Einwallen in den wunderbaren Abgrund der göttlichen Verborgenheit.[12]

Meister Eckart[13] vergleicht die menschliche Seele mit einem Kreis, in dem »wie groß er auch sei, eine Mitte ist, in der alles zusammentrifft und die über alles mit einem gewissen Gleichheitsrecht herrscht, bei deren Verlassen man aber alles in demselben Maße verliert, wie man in die Mehrheit dringt«. Zwar kann das innere geistige Auge, aus dem Erlebnis der Mitte, die Einheit des Himmels und der Erde erkennen, doch hat der Körper keinen Teil mehr daran.

Von Teresia von Avila hingegen wird erzählt, daß sie zuweilen »ein so heftiges Brennen der Liebe verspürte, daß sie es nicht mehr unterdrücken konnte. Dann nahm sie ihr Tamburin, verließ ihre Zelle und begann, von innerer Glut immer stärker erfaßt, zu tanzen. Ihre Töchter begleiteten den Tanzrhythmus mit Kastagnetten oder Händeklatschen, ihre Mutter aber setzte schlagfertig mit Improvisationen ein«.[14]

Überliefert ist der Reigentanz auch in der Glaubenspraxis der Chassidim. Von dem Stifter dieser Bewegung der jüdisch-abendländischen Mystik und seinem Schülerkreis wird die Erfahrung der Gottesbegeisterung, die Einheit von Geist und Natur, in mehreren Erzählungen bezeugt:

An einem Abend des Festes der Freude an der Lehre tanzte der Baalschem selber mit seiner Gemeinde. Er nahm eine Schriftrolle in seine Hand und tanzte mit ihr. Dann gab er die Rolle aus der Hand und tanzte ohne sie. In diesem Augenblick sagte einer der Schüler, der mit den Bewegungen des Baalschem sonderlich vertraut war, zu den Gefährten: »Jetzt hat unser Meister die leibliche Lehre aus der Hand getan und hat die geistige Lehre an sich genommen.«[15]

Das Vordringen zu Gott durch die Steigerung der Freude mündet infolge der inneren Erregung in körperliche Bewegung, in das Beten mit dem Leib. Es ist die Begeisterung mit dem Ziel, Gott zu erfreuen, welche »die Einheit zwischen Himmelslicht und Erdenfeuer« herstellt. Der so Erleuchtete ist das Bindeglied zwischen den Welten:

Einst blieb am Abend nach dem Versöhnungstag der Mond von Wolken verdeckt, und der Baalschem konnte nicht hinausgehen, den Mondsegen zu sprechen. Das bedrückte ihn sehr...
Indessen hatten die Chassidim, die von der Kümmernis des Baalschem nicht wußten, sich im äußern Haus versammelt und zu tanzen begonnen: denn so pflegten sie an diesem Abend die durch den hohepriesterlichen Dienst des Zaddiks vollzogene Sühnung des Jahres in festlicher Freude zu begehen. Als die heilige Lust höher stieg, drangen sie tanzend in die Kammer des Baalschem ein. Bald übermächtigte sie die Begeisterung, sie faßten den verdüstert Sitzenden an den Händen und zogen ihn in den Reigen. In diesem Augenblick erscholl ein Ruf von draußen. Unversehens hatte sich die Nacht erhellt; in nie zuvor gesehenem Glanze schwang der Mond am makellosen Himmel.

Stets und überall, und im besonderen durch das Leid verknüpft mit der Erinnerung an das Vorbild des Meisters kann man zur göttlichen Freude vordringen:

Man bat einen Rabbi, dessen Großvater ein Schüler des Baalschem gewesen war, eine Geschichte zu erzählen. »Eine Geschichte«, sagte er, »soll man so erzählen, daß sie selber Hilfe sei.« Und er erzählte: »Mein Großvater war lahm. Einmal bat man ihn, eine Geschichte von seinem Lehrer zu erzählen. Da erzählte er, wie der heilige Baalschem beim Beten zu hüpfen und zu tanzen pflegte. Mein Großvater stand und erzählte, und die Erzählung riß ihn so hin, daß er hüpfend und tanzend zeigen mußte, wie der Meister es gemacht hatte. Von der Stunde an war er geheilt. So soll man Geschichten erzählen.«

Die Ordnung von Tanzchor und Reigenführer, welcher durch seine spontanen, doch formgebundenen Improvisationen zwischen Himmel und Erde vermittelnd das Tanzgeschehen inspiriert, ist bis heute das Modell der überlieferten Reigentänze Europas.

5 Der Drehtanz der Mevlevi-Derwische

*Wer die Kraft des Reigens kennt, wohnt in Gott, denn er weiß, wie Liebe tötet. Allah hu!**

(Jelal-uddin Rumi)

... Wir hielten vor einem kleinen türkischen Kloster, in dem Derwische lebten und jeden Freitag tanzten. Das grüne Bogentor zeigte auf dem Türbalken eine bronzene Hand – das heilige Zeichen Mohammeds.
Wir traten in den Hof. Er war mit dicken, großen Kieseln belegt; blitzsauber; ringsum Blumentöpfe und Rankengewächse und in der Mitte ein riesiger, blühender Lorbeerbaum.
Wir stellten uns in seinen Schatten, um Atem zu schöpfen. Aus einer Zelle kam ein Derwisch auf uns zu; er legte grüßend die Hand auf Brust, Lippen, Stirn. Er trug eine lange, blaue Kutte und eine hohe, weiße, wollene Mütze ... wir setzten uns.
Der Derwisch sprach von den Blumen, die wir rundum sahen, und vom Meer, das zwischen den spitzen Blättern des Lorbeerbaumes blitzte. Später begann er über den Tanz zu sprechen. »Wenn ich nicht tanzen kann, kann ich nicht beten. Die Engel haben zwar einen Mund, aber sie reden nicht; sie sprechen durch den Tanz zu Gott ...«
»Was für ein Glück!« flüsterte der Abbé. »Wie leuchtet auch hier hinter allen diesen Gesichtern das Antlitz Gottes!«
Er berührte meine Schulter.
»Bitte frage sie, ob die Derwische ein religiöser Orden sind und welche Regeln sie haben!«
Der Älteste legte seine Pfeife auf das Knie und antwortete: »Armut, Armut; nichts besitzen, auf daß uns nichts belaste, auf daß wir uns Gott nähern auf blühendem Pfad; Lachen, Tanz und Freude sind die drei Erzengel, die uns dabei geleiten.«
»Frag sie«, bat mich abermals der Abbé, »wie sie sich vorbereiten, vor Gott zu treten; durch Fasten?«
»Aber nein«, antwortete ein junger Derwisch lachend, »wir essen und trinken und loben Gott, der dem Menschen Essen und Trinken geschenkt hat.«

* Allah hu (arab.): Gott allein ist

»Und auf welche Weise«, beharrte der Abbé.
»Tanzend«, antwortete der älteste Derwisch mit dem langen, weißen Bart.
»Tanzend?« fragte der Abbé. »Warum?«
»Weil Tanzen das Ich auslöscht«, meinte der alte Derwisch. »Wenn das Ich erstorben ist, gibt es kein Hindernis, sich mit Gott zu vereinen.«
Das Auge des Abbé blitzte auf.
»Der Orden des heiligen Franziskus!« rief er aus und drückte die Hand des alten Derwisches, »genauso ist der heilige Franziskus tanzend über die Erde gegangen und in den Himmel gestiegen . . . Da siehst du es wieder, mein junger Freund, immer stößt man auf denselben Gott!«[16]

Der persische Mystiker des 13. Jahrhunderts, Jelal-uddin Rumi, Begründer des Ordens der tanzenden Derwische, erlebte in einer visionären Schau, daß vom Firmament bis zu den Sonnenstäubchen sich alles im Tanze dreht. Für ihn umfaßte der Reigen die ganze Schöpfung, indem er das Geheimnis des Lebens verkörpert, nämlich sich selbst zu sterben, um in einer übergeordneten Einheit aufgehen zu können.
Nach der Lehre des Sufismus ist der Mensch auf der Erde, damit er Gott als die schöpferische Kraft in der Materie realisiert, als Höhepunkt der Evolution, der Bewegung vom göttlichen Ursprung fort in die Dunkelheit und Vielfalt hinein, doch ist er auch Wendepunkt zurück zu Gott. Die Erkenntnis der Sufis, der mystischen Strömung innerhalb des Islam, war es, daß der Mensch in der Erscheinungswelt lebend, seine Verbindung mit Gott verloren hat und daß er, um diese Verbindung wieder herzustellen, die dauernde Beschäftigung mit dem persönlichen Ich, als dem »dunkelsten Schleier über dem Spiegel der Seele« aufgeben muß, so daß er mit dem Auge Gottes sehen lernt. Die göttliche Wahrheit, um die der Derwisch (der an der Schwelle stehende) auf seiner Suche bemüht ist, muß von ihm als ganzem Menschen erfahren werden.
Aus einer Erweiterung der im Vorderen Orient allgemein verbreiteten rhythmisch-musikalischen Gebetsübung der Anrufung des Namen Gottes, entwickelte Rumi das Ritual des *Mukabele* (von

Angesicht zu Angesicht). Nach seiner Einsicht hat Musik die Kraft, die tiefsten Gefühle zu wecken, indem sie die Seele erschließt und dazu beiträgt, inneres Gleichgewicht, Klarheit und Empfindsamkeit zu vermitteln. In dem von ihm gestifteten Ritual sollte durch die Impulse von Musik, Rhythmus und Dichtung die geistige Welt unmittelbar erlebt werden. Dabei wird der eigene Leib das Gefäß für den alchemischen Prozeß der Verwandlung.

Rumi unterscheidet den Zustand des »Rohen« und des »Reifen« und stellt dem Suchenden des Weges anheim:

Stammt dein Wissen ums Feuer nur vom Hörensagen,
dann sieh zu, vom Feuer gekocht zu werden,
es gibt keine innere Gewißheit, ehe du nicht brennst.[17]

Der Leib ist es, der schließlich den Geist freigibt, wenn in dem Verwandlungsprozeß genügend Hitze entwickelt wurde, wobei

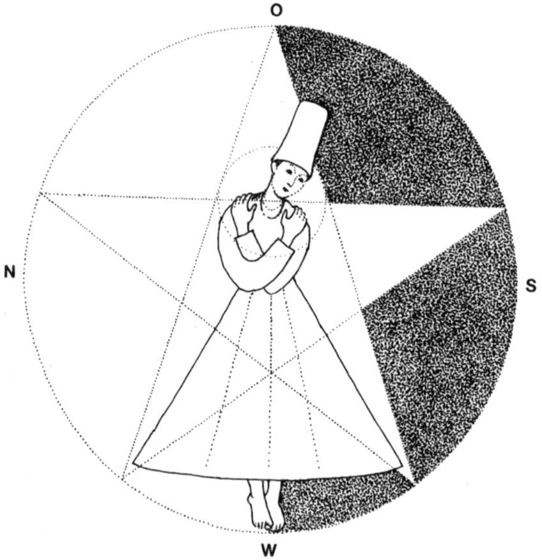

Derwisch-Tänzer in geschlossener und geöffneter Haltung, eingespannt in

der »Rohe« weich wird. Um zu diesem Ganzheitserlebnis zu kommen, wird das Opfer des Totaleinsatzes der Hingabekräfte des Derwisches gefordert.
Der Tanz selbst besteht aus einer sich immer wiederholenden Drehbewegung, gegen den Uhrzeigersinn um die eigene Achse. Das linke Bein ist dabei die tragende Säule, das rechte Bein gibt den Bewegungsimpuls, spiralförmig über das linke Standbein hinwegkreuzend; das sich drehende Gebäude wird so im Raum weitergetragen. Die Arme werden hoch in den Raum gestreckt, die rechte vom Himmel empfangend, die linke zur Erde streuend. Diese Haltung symbolisiert den entselbsteten Menschen, eingespannt zwischen Himmel und Erde als Vermittler zwischen den Welten.
Geometrisch gegliedert, weist die sich drehende, in den Raum eingeordnete Figur zwei Achsen auf: eine senkrechte Mittelachse und eine, durch die Kopfhaltung angedeutete, von dieser etwas schräg abweichende Nebenachse. Letztere entspricht der Ausrich-

die Zeit- und Raumachsen. Zeichnung B. Wosien.

tung der Erdachse auf den Polarstern hin. Durch die Drehbewegung entsteht ein eindeutiger Rhythmus von Geben und Nehmen, Öffnen und Schließen, Auf und Ab; eine um die zentrale Körperachse auf- und absteigende Spirale wird spürbar. Um sich mit dem Bewußtsein leichter in diesen Rhythmus einzuschwingen, wiederholt der Derwisch in sich rhythmisch den Namen Gottes.

Das Ordensgebäude der Mevlevi ist, wie die Moscheen vom Grundriß her ein Kubus, nach dem Vorbild der Ka'aba. Es ist Symbol der Erde, darüber wölbt sich ein Dom als Symbol des Himmels. Seinen Mittelpunkt verbindet eine imaginäre Achse mit dem Mittelpunkt des Tanzkreises, auf dem sich die Derwische um die eigene Achse wie auch entlang seiner Peripherie bewegen.

Die Reise des Derwisches, in Anlehnung an die Himmelsreise des Propheten und an neuplatonisches und gnostisches Gedankengut, führt ihn aus dem Zustand todähnlichen Schlafs, unter Führung des Ordensoberhauptes, als dem Vertreter des Ordensgründers, durch den Kreislauf des Lebens: vom Ahnen über die Erregung und innere Bewegung zur Hingabe und Ekstase, um dann im allmählichen Niedersteigen wieder in die Welt der Schöpfung zurückzukehren, im Bewußtsein des erlebten Geheimnisses der Offenbarung Gottes. Das einzige, von den Derwischen am Ende des Rituals gemeinsam gesprochene Wort ist »*Hu*« – Er (Gott). Am Ende des Rituals dreht der Derwisch sich nur um sich selbst am Platz, während das Ordensoberhaupt den zentralen Punkt der Tanzfläche unter der Himmelsmitte erreicht, für eine kurze Zeit die Achse der Welt symbolisierend.

Im Zustand der Gottinnerlichkeit, am Schnittpunkt der Welten von Bewußtem und Unbewußtem, innen und außen, wird die göttliche Transzendenz erfahren von Angesicht zu Angesicht und die Suche, das Reisen hat ein Ende. In der Mitte, deren Symbol das Herz des Menschen ist, offenbart sich die Wirklichkeit. Diese Mitte, wie dies auch im Ritual der Mevlevi zum Ausdruck kommt, kann man nicht direkt angehen, man kann sie nur umkreisen, so lange bis sie aufleuchtet. Dieses Leuchten wird erfahren über das Stirb und Werde.[18]

6 Tänze der Bogomilen

Abbildungen von rhythmisch getragenen Tanz-Szenen, deren Vitalität und Musikalität sich in Ornamentreihen und Pflanzendarstellungen wiederholen, findet man auf den Grabdenkmälern der Bogomilen in Bosnien.[19] Die Steine als Häuser der Toten und Altäre verkörpern den Doppelklang des zeitlichen und ewigen Lebens. Neben den kosmischen Zeichen des Sonnenrades, der Mondsichel, dem Kreuz, der Swastika, sind geflochtene Seile, Kleeblattformen und Spiralen eingegliedert. Die Gestaltung hebt die Bedeutung der Bilder hervor, so daß Tanzform, Natur und Kosmos sich gegenseitig durchdringen.

Die Bogomilen, die als häretische Sekte schweren Verfolgungen ausgesetzt waren, verbanden christliches Gedankengut mit den Traditionen Kleinasiens. Nach den Steinbildern zu schließen, besaßen sie eine lebendige sakrale Tanztradition, die als Hauptform den altslavischen Kolo (Kreistanz) pflegte. Dieser hatte seine Wurzeln im bäuerlichen Hirtendasein dieser Menschen.

Nach den überlieferten Darstellungen zu schließen, erlebten sie in ihrer Naturverbundenheit die zyklischen Rhythmen des Lebens als heilig. Dies spiegelt sich in den Tanzbildern wider, die den Tanz als Teil einer Einheit von Leben, Natur, Mensch und Kosmos zeigen. Die rituelle Gestik der oft überdimensional proportionierten Figuren, mit beschwörend erhobenen Armen oder auch nur einer Hand, die zu einer Augenspirale als Lichtsymbol weist, gibt einer Kommunikation mit den Mächten des Kosmos beredten Ausdruck. Oft ist auch das Kreuz anthropomorph gestaltet mit Kopf- und Händesymbolen. Die Bilder haben eine visionäre Kraft. Sie erheben die Natur ins zeitlose Zeichenhafte, das Ewige zum Stil und den Tanz zum Symbol des Gleichgewichts zwischen Himmel und Erde.

Die Rolle des Schöpferisch-Göttlichen als Weltmitte und seiner Achse, das Oben und Unten verbindet, übernahm im mythischen Weltbild der inkarnierte Gott und Seelenführer. Im Lauf der Zeit, durch den Wandel seines Bewußtseins wird der Gottsuchende selbst zum Symbol des Radkreuzes und Lebensbaumes. Im Chorreigen ist er der lebendig-bewegte Darsteller der kosmischen Gesetze seines inneren Lebensraumes. Dabei orientiert er sich an den tradierten Modellen, den Wegspuren der Götter im Tanz:

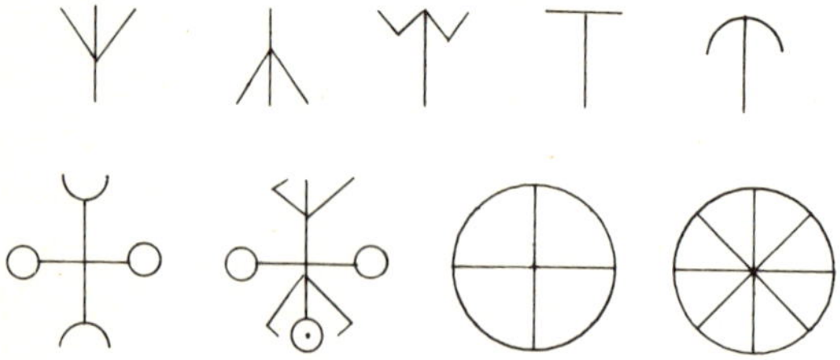

Auf Grund seiner symbolhaften Raumformen und Schrittmuster ist es uns heute noch möglich, das geistige Substrat des in der europäischen Folklore tradierten Reigentanzes zutage zu fördern. Die unmittelbare Präsenz des Geistigen ist dabei zeitlos wirksam im Sinne der *Upanischaden,* die uns einen dichterischen Hinweis geben darauf, daß Raum und Zeit zusammenfallen im Hier und Jetzt, am Ort, der kein Ort ist, wobei der lebendige Ursprung zum entscheidenden Erlebnis wird:

Wenn der Tanz beginnt,
ist da nur der Tanz
und kein Tänzer mehr.

7 Der Mensch als Tänzer

Ich tanze, weil kein Teil meines Leibes ohne die Erfahrung der religio bleiben soll.

(Sokrates)

Das Bild des göttlichen Tänzers, Shiva Nataraja, zeigt in seiner senkrechten Achse den Weg für die auf- und abwärtssteigende Strömung der Lebensenergie: vom Dämonen der Unwissenheit unter seinem linken Fuß wird sie hinaufgeleitet und erhöht zum göttlichen Bewußtsein, so wie sie auch als erlösende Energie hinunterströmt, um das in irdischer Verhaftung befangene Leben zu befreien. Die waagerechte Achse, auf der sich der schöpferische Impuls als Urton/Rhythmus in des Gottes rechter Hand und das Feuer der Verwandlung in seiner Linken die Waage halten, symbolisiert das Gebundensein in den Raum.

Nach alter Einsicht ist der Leib des Menschen das Instrument der Evolution. Im Körper, dem Tempel des Göttlichen, wird das Leben gefeiert. Dort geschieht der Prozeß der Verwandlung, die Verschmelzung des Inbildes mit dem göttlichen Wegsymbol. Durch das Nachvollziehen des Weges realisiert der Tänzer das Wesen des Gottes, dem er nachfolgt.

In diesem dynamischen Prozeß des Teilhabens als Lebensthema des Daseins ist der Tanzende auch Symbol des Lebensbaumes in seinem Eingespanntsein zwischen Zeit und Raum, Licht und Finsternis, seine Wirbelsäule Bindeglied zwischen Himmel und Erde. Die Raumachse seiner ausgebreiteten Arme verbindet ihn im Tanz mit dem Du. In seiner gegliederten Leiblichkeit als Ebenbild des Göttlichen ist die Kunst des Gleichgewichts Aufgabe und Bestimmung des Tänzers.

Die Form des Kreuzes im Kreis, als Sinnbild der Vereinigung der Gegensätze und Strukturschema für den Jahreslauf der Sonne und alles Wachstum, weist auch hin auf ein außer-raumzeitliches Bewußtsein.

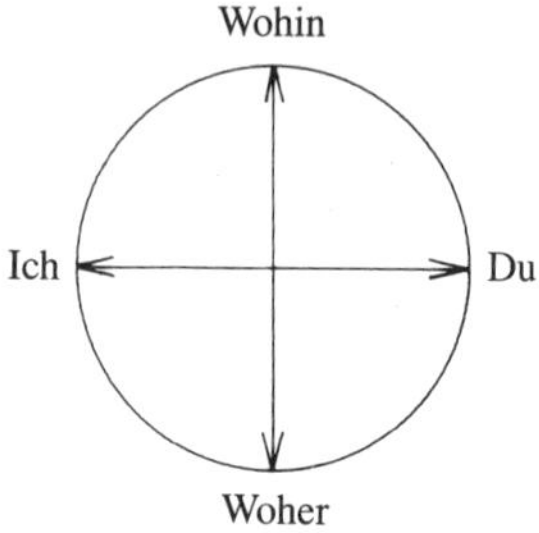

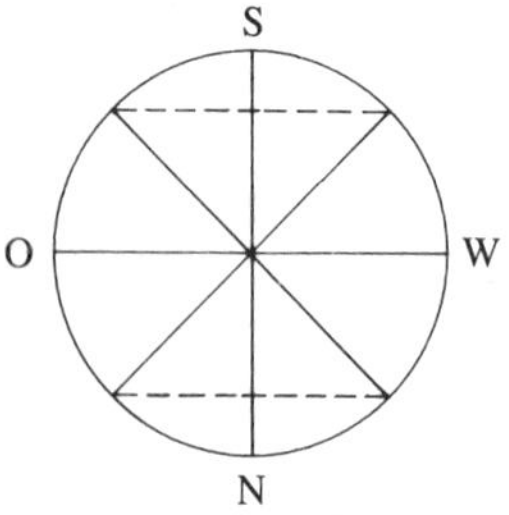

SOMMERSONNENWENDE

TAG- U. NACHTGLEICHE

WINTERSONNENWENDE

Auf einer Darstellung aus einem Mysterienkult der Spätantike, ist der Gott-Mensch um das Rad-Kreuz gespannt (s. Abb. S. 47 oben). Seine Hände reichen an die Füße: der Mensch als Kreis umfaßt alle Dimensionen des Seins. Die beiden stehenden Figuren weisen den Weg des Todes (Figur mit gesenktem Stab) und des Lebens (Figur mit erhobenem Stab) als den der ewigen Wiederkehr. In der Übernahme des antiken Motivs als einem christlichen Symbol wird aus dem sechsspeichigen Rad ein achtspeichiges Kreuz, die priesterlichen Figuren werden zu Engeln: der Weg des Todes wird zum Weg des Lebens in der Ewigkeit.

Der Tanz als gestaltete Gelöstheit beginnt mit dem Zustand der Ruhe des aufrechten Menschen, dort wo im Schweigen sich der grenzenlose Raum öffnet. Alle Energiebahnen des Körpers enden in den Füßen, und daher tanzten und gingen die Naturvölker barfuß, um die Rhythmen und Strömungen der Erde zu spüren, auch aus dem Wissen heraus, daß »wer die Erde nicht berührt, den Himmel nicht erreichen kann«.

Der Gott-Mensch als Einheit Kopf und Füße verbindend im ewigen Rund. Steinplatte aus Palermo, 9. Jh. v. Chr. Zeichnung aus H. Kükelhaus, a.a.O., S. 143.

Der Mensch in Raum und Zeit als Abbild der proportionalen Gesetzmäßigkeiten des Kosmos. Aus: Agrippa v. Nettesheim, *Occulta Philosophia,* Köln 1533, Buch 2, Kap. XXVII.

Als aufrecht Stehender, mit erhobenen Armen und gestreckten Beinen berührt der Mensch einen Kreis, dessen Mittelpunkt unter dem Nabel, beim Schwerpunkt des Körpers liegt, dort wo die Wirbelsäule sich auf dem Kreuzbein aufbaut. Das Geheimnis tänzerischer Grazie ist die Ausbalancierung des Körpers im Kreuz in seiner immanenten Verbundenheit mit dem Kosmos. Dieses Potential unmanifestierter Grazie, als Gnadengeschenk des Göttlichen, schlummert in jedem Körper. Der im 16. Jahrhundert lebende Arzt Agrippa von Nettesheim kommentierte diese Ausgewogenheit so: »Wer krank ist, stimmt nicht mehr mit dem Universum überein. Er kann aber die Harmonie wiederfinden und gesund werden, wenn er seine Bewegungen nach denen der Gestirne richtet.«[20] Nach seiner Einsicht verkörpert der Mensch in sich die proportionalen Gesetzmäßigkeiten der Weltenordnung, wie dies in den diagrammatischen Zeichnungen zum Ausdruck kommt (siehe S. 47 unten).
Der Schöpfungsvorgang als Gesetz und Weg ist in dem chinesischen Schriftzeichen *Tao* – Weg als Weg der Schöpfung zusammengesetzt aus den Bildern für Kopf und Fuß:

Kopf + Fuß = Tao

Dieser Weg läßt den Menschen im Tanz zum Mitschöpfer werden: In der leibhaften Bewegung des Geistes in der Nachfolge des vorgezeigten Weges wächst, indem er über die Erde geht, auf seinen Spuren Leben: »Der Mensch auf dem Weg zu Gott geht ihn mit Seinem [Gottes] Fuß.« Der Tänzer, als ein in Bewegung

Meditierender, der den Seinsgrund in der Übung der Gegenwart erlebt, ist jemand, »dessen Gedanken mit seinem Fuß Schritt halten, er ist ganz gegenwärtig: seine Seele ist wo sein Körper ist und sein Fuß wo seine Seele ist. Dies ist das Zeichen des ganz gegenwärtig seins ohne abwesend zu sein . . . des bei sich und bei Gott seins.«[21]

Es ist dies der Zustand der Gottinnerlichkeit, den die Griechen *en-theos-iasmos* nannten. Der schöpferische Akt im Tanz als ein Prozeß, der sich in der Einsamkeit des seelischen Bereiches vollzieht, wird zum periodisch wiederkehrenden Vorgang durch den Übungsprozeß und das Miteinander der Bewegung.

Der Weg des Tänzers, im Sinne des biblischen Wortes, »denn wir haben hier keine bleibende Statt, sondern die zukünftige suchen wir«, ist ein Weg der Einübung in zukunftweisende Erinnerung. Der ungeteilte Augenblick, *kairos,* ist die Wurzel der beiden weitverzweigten, ineinander verschlungenen Bäume der Vergangenheit und Zukunft, die sich in der Unendlichkeit berühren.

Kairos, der ungeteilte Augenblick als Tänzer zwischen den Bäumen der Vergangenheit und Zukunft. Malerei auf einem ionischen Teller, etwa 300 v. Chr., Louvre, Paris.

Der Augenblick, das Hier und Jetzt, dargestellt als ein Läufer mit in Anbetung erhobenen Händen, seine Augen weit geöffnet für die Vision der Zukunft, findet seine Entsprechung im Flug der Erinnerung verkörpert durch einen nach rückwärts fliegenden Vogel. Als Symbol der Erlebnis- und Gedankenkräfte fliegt dieser seinem Nest zu, das sich in der Mitte der sich auseinanderbiegenden Äste des Baumes der Vergangenheit befindet. In der Schau der Antike ist auch der Horizont der Zukunft gekrümmt: ein zweiter Vogel, im Bereich der Sehnsucht und der Zukunft, steigt hinab in das Morgen.
Der Augenblick ist die Mitte und Wurzel eines Zeitkreuzes; er ist unsterblich in der Anbetung der Ewigkeit. In diesem schöpferischen Augenblick ist der Untergang des Alten ebenso aktuell wie die Geburt des Neuen. Die Erlebnismitte, in dieser Darstellung, läßt die Innen- und Außenwelt gleichermaßen präsent erscheinen. »Es werde Licht«, als Essenz des schöpferischen Augenblicks und Tor in die Freiheit, wird zum Seinszustand des gewandelten Menschen. Er strahlt Lebendigkeit aus, ihm ist alles möglich, da er alles zu verbinden weiß und nichts ausschließt.
Lebendig sein, heißt unterwegs sein. Die Lebendigkeit im Geiste wie im Körper gründet in der aus der Tiefe wirkenden, spontanen, auch erschreckenden Gottesoffenbarung. Es ist dies der Gott, der in der Natur lebendig ist und den die Griechen Dionysos nannten. Er gibt den Impuls zur Erschütterung auch fixierter Lebensgewohnheiten, als Schlüsselerlebnis für die Rückkehr eines latenten Urvertrauens in eine innere, instinktive Führung, die eine neue Wachheit erwachsen läßt, wobei man sich selbst in allen seinen Regungen nicht mehr fremd ist.
Der Schmerz, Wächter vor den Toren der Wirklichkeit, und die Lust, Vorbotin des Gottes Eros, nach dem Mythos vom höchsten Gott zur Erweckung der Liebe gesandt, weichen im Tanz als widersprüchliche Seinsqualitäten eines differenzierten Bewußtseins im Schmelzpunkt der beiden Weltachsen, der Intensität.
Im rituell gebundenen Tanz gleicht der Körper einem wandernden Sakralbau, der durch die Schritt- und Bewegungsformen kosmische Schwingungslinien aufzeichnet. Die Winkelpropor-

tionen der Sakralbauten, vom griechischen Tempel bis zur gotischen Kathedrale, entsprechen den strukturierten Körperhaltungen des zur Sprache gewordenen ganzen Menschen in seiner differenzierten Leiblichkeit.

Gestimmt wird der Körper durch eine Kombination von meditativer Bewußtseinshaltung und der präzisen Wiederholung spezifischer Bewegungselemente, artikuliert durch die Verbindung von Schritt, Sprung, Drehung, Gebärde. Die aus diesen Elementen bestehende Tanz›technik‹ ist ein uraltes System Gestalt gewordener Einsicht in eine bestehende Ordnung von Gesetzmäßigkeiten. Um diese Gesetze im Körper widerzuspiegeln, bedarf es der Wiederholung, gleich einem Schleifprozeß beim rohen Diamanten, um ihn durchlässig werden zu lassen für das Licht.

Der ständige Wechsel von Wandel und Beharren, der Gestaltung der Übergänge zu den verschiedenen Positionen hinein in die Zwischenräume, läßt den Tänzer seinen Körper als Meditationsobjekt erfahren. Durch beständiges Üben wird er schließlich zum Abbild sinnerfüllter Ganzheit, indem er den Tanz nicht nur als ein geistiges Geschehen erlebt, sondern auch darstellen kann. Menschliche Freiheit, dies lehrt der Tanz, ist nicht die absolute Ungebundenheit und Eigenwilligkeit, vielmehr das Eingebundensein in zeitlose Gesetzmäßigkeiten. Symbolformen werden zu rein dekorativen Elementen dann, wenn das mythisch-religiöse Erleben erlischt, wenn der Tanz Brauchtum wird, Gewohnheit, eine Form geselligen Beisammenseins und der Körperertüchtigung.

In der Schau des indischen Mythos schlingt sich die große Weltenschlange des Anbeginns in sieben spiralförmigen Windungen um das Lebenszentrum des Göttlichen. Seine Entsprechung im menschlichen Körper hat dieses Bild in der Überlieferung der *Upanischaden:*

Im Leibe des Menschen befindet sich der Weltberg Meru (die Vertikalachse des Rückgrats), umlagert von den sieben Inselkontinenten (den Chakren oder Energiezentren), befinden sich die Ströme und Meere, Berge und Lande und göttlichen Schirmherren der Lande, befinden sich die Seher und Heiligen allesamt; befinden sich

Sternbilder und Wandelsterne, heilige Wallfahrtsstätten und Sitze der Götter, samt den Gottheiten dieser Sitze. Es kreisen Mond und Sonne, schöpferische Entfaltung und vernichtendes Einraffen bewirkend; Raum, Luft und Feuer, Wasser und Erde befinden sich hier. Alle werdend-vergänglichen Wesen, die es in allen drei Welten (Himmel, Atmosphäre, Erde) gibt, sind auch im Leibe. Rings den Meru umgebend, bewegen sie sich nach ihrem Gebaren.[22]

Im Wurzelchakra ist die Lebensenergie in dreieinhalb Windungen spiralförmig um das Heiligbein gerollt, um, angeregt durch den Prozeß der schöpferischen Auseinandersetzung, durch den Zentralkanal im Rückenmark aufzusteigen und sich im vollen Bewußtsein zu entfalten. Wie der Lauf der Sonnenbahn in ihrem Auf- und Niedergang, beschreibt sie dabei in ihrer Bewegung den Spiralweg der Entfaltung und des Energieabstiegs, der das Modell der überlieferten Tanzreigen ist.

Das Knochengerüst, als konzentrierteste Form der Energie, hat als seinen Gegenpol den Atem als das subtilste Element und als dem Geist am nächsten. Die Organe und das Gewebe entsprechen der Erde, Blut, Wasser und Lymphe durchdringen den ganzen Organismus, wie die Flüsse und Meere die Erde durchfließen. Körpergewebe und Flüssigkeit ermöglichen die lebendige Bewegung. Sitz der Motorik ist das Becken, von dort geht der Lebensstrom der Bewegung durch die Füße in die Erde in Wechselwirkung mit ihr, durch die Hände zum Tanzpartner in Wechselwirkung mit ihm und durch das Scheitelzentrum in den offenen Raum. Dabei ist die Erweiterung des Bewußtseins getragen von Erinnerungsimpulsen und zukunftsgerichteter Sehnsucht.

Nach einer überlieferten Einsicht verbinden den Menschen seine fünf Sinne auch mit den Elementen: der Tastsinn mit dem Äther, der Sehsinn mit dem Feuer, der Geruchssinn mit der Erde, der Hörsinn mit der Luft, der Geschmackssinn mit dem Wasser. Zugang zu den Rhythmen des Lebens wie des Tanzes erfährt er über das Gehör: Das Gehörte wiederum verbindet ihn mit dem Rhythmen und Töne erzeugenden Raum. Der Mensch wird zum Tänzer, wenn er sich durch das Gehörte ergreifen läßt.

Die Geburt des neuen Menschen im Tanz geschieht durch die Verschmelzung von Natur und Geist. Aus dem Wechselspiel von Spannung und Entspannung, Rhythmus und Melodie erwacht die Lebensenergie und wird frei im Bewegungsfluß. In ihrer Umkehrung ist diese gesteigerte Lebensintensität der Frieden der Erlösung, die Dimension eines noch unbekannten Bewußtseins. Auf dem Weg zum Einheitserlebnis im Tanz sind alle Elemente Hinweis und Spur, die letztlich den Totaleinsatz der Hingabekräfte fordern.
Wie im Körper, gibt es auch in den überlieferten Tanzstrukturen eine exakte Korrespondenz zwischen geistigen Inhalten und äußerer Form, wobei erstere die Archetypen der letzteren sind. Glück und Berufung des Menschen als Tänzer ist die Erfahrung, nicht der letzte Mittelpunkt zu sein, sondern vertrauensvoll mit seiner eigenen Mitte um eine andere kreisen zu dürfen. Nicht länger bin ich, die Erde, Zentrum, die befreiende Erkenntnis ist die Einsicht, Trabant eines größeren Zentrums zu sein, das seine Entsprechung im Innen wie im Außen hat.
Dem heutigen Menschen ist der Sinn aufgegangen für eine universelle Zusammenschau des Gegensätzlichen. Im Reigentanz beruht die Ordnung einer totalen Partizipation auf einem andächtigen Sichhinwenden des ganzen Menschen beim Begehen des Kreishorizontes um die gemeinsame Mitte, in der Überwindung unseres zivilisierten, vollendeten Gottes, der sich schon viel zu lange nicht mehr bewegt. Dadurch kann die Welt wieder erlebt werden als ein großes Gewebe von Schwingungen, wobei jeder einzelne selbst den Tanz heiligt.
Im Kreis wird Grundsätzliches in immer neuer Form wiederholt, als eine Aneinanderreihung ähnlicher Perioden in einer Spirale, gleich der Schnur eines Senkbleis, die sich allmählich um die unfaßbare Mitte aufzuwickeln scheint, um den Tanzenden ins Zentrum des Lebens hineinzuführen. Der so tanzend Meditierende erlebt eine Seinsverdichtung, durch die er sich an seine Ganzheit wieder anschließt.

8 Die Meditation des Tanzes

Es treibt den Menschengeist verzweifelt zu immer neuem Arg, es sei denn der Verwandlung Feuer läßt ihn das Maß erfahr'n des Tänzers.

(T. S. Eliot, Vier Quartette)

Alles Gespaltene, Sinnverlorene sehnt sich nach Einheit. Die Verhaftung im Kleinlichen, in der persönlich-empfindlichen Welt des Ich, macht das Leben zum Siechtum. Aus der Sicht eines Lebens, das jede Sekunde die Chance birgt alles neu werden zu lassen, stehen wir uns aber als Gewordene im Wege. Es bedarf der Fühlungnahme mit einem Gesamtbewußtsein, um uns zu uns selbst zu bringen, einer neuen Menschwerdung Gottes, damit die Zeit nicht nur tödlich wirkt.

Das heute übliche Tanzen ist ohne Inbild, ohne *religio*. Unser Leben ist dadurch gezeichnet, daß wir keine Zeit haben, unsere Umwelt zerstören wir, der Alltag wird bestimmt vom mechanistischen Ablauf der Apparaturen, welche die Rhythmen der Natur negieren.[23] Die Analyse unserer Einzelregungen hat uns trotz des vermehrten Wissens über alle Abläufe, uns selbst nicht näher gebracht. Die Erforschung des Mikrokosmos brachte keine Ruhe, das Therapiebedürfnis wird immer größer und allgemeiner.

Die Geburtsgeschichte der Musen[24], die den Beinamen die Olympischen (Himmlischen) haben, erzählt, daß, als Zeus die Welt geordnet hatte, die Götter mit stummem Staunen die Herrlichkeit betrachteten, die sich ihren Augen darbot. Endlich fragte der Göttervater, ob sie noch etwas vermißten. Da antworteten sie, ja, es fehle noch eins, eine Stimme, welche die großen Werke der Schöpfung preisen würde in Worten und Tönen. Dazu bedurfte es einer neuen göttlichen Wesenheit. Und so baten die Götter den Zeus, die Musen zu erschaffen.

Da zeugte Zeus mit Mnemosyne, der Göttin der Erinnerung, die neun Musen, denen es zufiel, von den Göttern und ihrem seligen

Leben zu singen, von ihrem Erscheinen in der Welt, vom Ursprung der Dinge und vom Schicksal der sterblichen Menschen.[25] Auf dem Olymp, wo sie geboren wurden, führen sie ihre Reigentänze um den Altar des Zeus auf und ziehen von dort hinunter zu den Sterblichen, die ihnen Heiligtümer in der Natur erbauten, möglichst weit von den Städten entfernt.

Im Glauben der Antike war alles Streben nach Erkenntnis auf die Huld der Musen angewiesen, also letztlich ein Gnadengeschenk. Diejenigen, deren Beruf die Erziehung und Bildung war, opferten deshalb nicht nur den Musen, sondern auch Apollo, ihrem Reigenführer, sowie der Mnemosyne, der Erinnerung, als göttlich verehrt, wie auch dem Hermes, der als Wegbereiter die Welt der Götter und Menschen verband.

Der Mythos von der Erschaffung der Musen bringt uns nahe, daß die Dinge erst durch das Künden ihrer Existenz die Erfüllung ihres Seins erfahren. Alle Rituale beschwören deshalb den inwendigen Geist, um dem Niedergang des Lebens, dem Sterben der Zeit und des Gottes, der durch sie wirkt, erneuernd entgegenzuwirken.

Aus dieser Sicht ist auch der Reigentanz eine göttliche Schöpfung, von den Menschen zum Gedenken der Götter gefeiert. Wie Mantren Tonformeln sind, die durch ständiges Wiederholen den Geist freisetzen, so werden durch das Wiederholen von Tanzformen deren Inhalte neu erinnert: als Kunst wird der Tanz immer wieder neu geboren aus Sehnsucht und Erinnerung. Im Reigentanz fließt der Impuls des Reigenführers im Sinne des Zeitlaufs rückwärts, entsprechend dem Strom der Erinnerung, den Träumen gleich, ins Dunkel, ins »Reich der Mütter«, aus dem die Bewegung ihren Ursprung nimmt. Der Reigen der Tanzenden hingegen fließt dem ewigen Osten zu als Lichtaufgangspunkt. Dies ist der gegenläufige Strom der Erkenntnis, für immer aktiv um die Lösung des Schöpfungsrätsels bemüht.

Das neue astrologische Zeitalter des Aquarius verbindet diese beiden Ströme in seinem Symbolzeichen:

Jedes sakrale Tanzgeschehen spielt sich somit gleichzeitig auf mythisch-geistiger, wie auch vordergründig auf irdisch-materieller Ebene ab. Das Wegsymbol und Tanzmotiv ist deshalb immer auch als Zeichen übersinnlicher Gegebenheiten und Wahrnehmungen zu werten.

Für Plato beinhaltete eine umfassende Erziehung des Menschen auch das Studium des Reigentanzes und des Gesanges. Diese Teilnahme an der musischen Ausbildung, am Tanzchor, war dem Bürger seiner Zeit selbstverständlich. Der un-erzogene Mensch war derjenige, welcher diese musisch-ganzheitliche Bildung nicht genoß. Dem Menschen, der sich dem Göttlichen zuwendet, so wußte man, schenken die Musen ihre Gaben. Deshalb hieß es auch von den großen Sängern, Dichtern und Sehern der Antike, daß die Musen ihnen die Stimme eingehaucht hätten, wodurch sie vom Geist des Göttlichen zeugen konnten.

Im Chortanz der griechischen Antike, der das Modell unserer heute noch lebendigen Reigenformen ist, waren die Schritte zugleich Bezeichnungen für Rhythmen, die in Kürzen und Längen unterteilt waren (vgl. Teil II). Nach Auffassung des klassischen Menschenbildes führte die musische Erziehung aus der *a-musia,* dem Zustand der Musenlosigkeit und Ungebildetheit, zur *eu-musia,* zur ganzheitlichen Bildung und Erziehung, von der *a-metria,* durch die rhythmische Erziehung im *kyklios choros,* dem Kreistanz, zur *eu-rhythmia,* zur Wohlgeordnetheit der Bewegungen des Körpers und der Seele, von *a-schemosyne,* der schlechten Haltung, durch die Schemata der Tanzfiguren zur *eu-schemosyne,* zur schönen, edlen Haltung des Körpers und der Seele.[26]

Einst waren diese traditionellen Tänze Besitz ethnischer, sozialer und religiöser Gemeinschaften und wurden durch Generationen hindurch vererbt. Heute bieten sie allen denen, die für dieses Angebot offen sind, die Möglichkeit der Selbsterfahrung in Gemeinschaft. Heute geht das Bestreben dahin, durch die tradierten Formelemente zu den Inhalten der Reigentänze zurückzufinden. Ursprünglich waren Form und Inhalt eins, als Archetypen einer ganzheitlichen Weltschau, wodurch diese Tänze uns heute Wegweiser sein können für eine neue Innerlichkeit.

Im Tanz, in seiner Verbindung von Ruhe und Bewegung wiederholt sich für uns der energetische Prozeß, der die Formen erzeugt, durch die wir uns schließlich unseres Selbst bewußt werden: »Ist der Geist gestört, entsteht die Vielfalt der Dinge, wird er beruhigt, verschwindet die Vielfalt der Dinge.«[27] Trotz allen Wissens über die Dinge in ihrer Vielfalt ist uns ihr Wesen fremd geblieben. In einer Ausweitung aber zu einer Dimension verknüpfter Beziehungsfunktionen, entsteht die Offenheit für die Weite der Schöpfung und die Einsicht, daß der Mensch als Mensch nur in und von Beziehungen leben kann.
Das Auftauchen des Urbildes aus der Tiefe als Inbild, das am Bewußtseinshorizont erscheint, ist verbunden auch mit der Entstehung eines neuen Menschenbildes. Die Rückkehr zur Mitte aber bedeutet die Aufgabe des eigenen Ich, wodurch der Mensch als Tänzer erst im eigentlichen Sinne partnerfähig wird. Entscheidend für das Erleben dieser Situation des modernen Menschen ist, daß der Platz der Gottheit eingenommen wird durch die Erfahrung der eigenen Wesensmitte des Menschen in seiner Ganzheit. Im Tanz ist der Geburtsraum für diesen Prozeß der Kreis, Bild auch einer gleichwertigen Gemeinschaft, der die Qualität des Ganzen birgt und absoluter Gegenpol ist der Anarchie. Das dem Erleben immer wieder neu erschlossene Urbild wird schon im Entstehen von Hand zu Hand weitergereicht. Mit jedem Tanz wird die Welt von neuem eingerundet, die unsichere Position des psychischen Ich wird in eine tragende, Geborgenheit vermittelnde Bezogenheit aufgenommen. Im Kreistanz halten sich Freiheit und Bindung das Gleichgewicht, und es geschieht eine laufende Korrektur der inneren und äußeren Balance. Durch die Bewegung entsteht Wärme und eine Durchblutung des Körpers bis zum Schweißausbruch. Verkrampftsein weicht der Geschmeidigkeit der Glieder, und ein beginnendes inneres Wachsein schafft die Voraussetzung, statt drohender Vernichtung, den Wandel als zentrales Lebensthema zu erfahren. In der Freude am gemeinsamen Miteinander wird das alltägliche Dasein hineingehoben ins Festliche, wird es erhoben zum eigentlichen Sein:

»In der Abenddämmerung verkündet der Hahn das Morgengrauen, um Mitternacht die leuchtende Sonne«[28] (Weisheit des Zen).

Gott in der Materie wird im Tanz geboren durch die »Verflüssigung einer Welt von statisch bedingten Unabänderlichkeiten«.[29] Der Tanz nach traditionellen sakralen Vorbildern ist vor allem Bewußtseinsschulung, indem das Gleichgewicht im weitesten Sinne des Wortes trainiert wird. Durch die Tanz-Wege und ihre Stationen werden der Sinn für Raum, Form, Linie, Zeitmaß, wie auch das Gedächtnis für Bewegungsabläufe entwickelt. Der fixierte Intellekt wird suspendiert und das im Körper befangene Bewußtsein befreit, denn im Tanzen muß die Vorherrschaft des analytischen Denkens geopfert werden: Durch das Zusammenwirken musischer Kräfte und ganzheitlicher Bewegungsinhalte wird jede fixierte Position eingeschmolzen. In völliger Sammlung, im Gleichgewicht des Körpers und des Geistes, wird im Tänzer gesteigerte Klarheit und Empfindsamkeit geweckt: »...dem All zugehört der Tanzende, wer nicht tanzt, begreift nicht, was sich begibt.«[30]
Eingebunden in Quadrat und Kreis ist der Tänzer symbolisch aufgenommen in die Einheit von Himmel und Erde; dabei beinhaltet das Leben im Tanz eine Ordnung, die Abweichungen (Variationen) der dominierenden Grundstrukturen und -muster nicht nur vorsieht, sondern auch anregt. Der Reigen als Tanzform und Symbol harmonischer Weltenordnung ist demnach eine ständige Verwandlungsübung. Im Konzentrat seiner Raumfiguren und Schrittfolgen impliziert er die Weisheit des Altertums und leitet diese durch das wiederholte Begehen in die Gegenwart, um unsere Erlebnisquellen befruchtend zu erschließen.
Die strenge Ordnung des Reigens im Kreis kann das Chaos der äußeren und inneren Welt einbinden; in seinem Mittelpunkt konzentrieren sich Ruhe und Bewegung. Der Mensch, der von neuem durch die tänzerische Erfahrung in der Gemeinschaft an das Lebenszentrum in sich angeschlossen ist, kann als Verwandelter veredelnd auf seine Umwelt wirken.

Im Osten, der die Meditation in der körperlichen Ruhe überliefert, ist die Bewegung eine rein innerliche dadurch, daß alles Bewußtsein nach innen genommen wird. Das Anliegen unserer Zeit aber ist eine aus der *religio* geborene, dynamisch-bewegte Meditation. Ansatzpunkte für dieses Erleben und die Forschung bieten die heute noch in Europa lebendigen Reigentänze. Viele von ihnen enthalten selbst in unserer Zeit deutlich erfahrbares kultisches Traditionsgut. Die Hinterfragung auf ihren spirituellen Gehalt hat allerdings erst begonnen.

So wird das Zeitenrund, das Urwesen Uranos, wiederhergestellt durch Kairos, den ungeteilten Augenblick, als jüngstem Sohn des Zeus und Herrn der Schöpfung: »Im Innersten des Körpers, im Herzen der Welt, gibt es keine Materie, gibt es nur den Tanz.«[31]

Der Moment der Erschütterung, im Ritual eingebunden in die Form, ist das Schlüsselerlebnis als Vorbedingung zur Allverbundenheit: Dionysos, dem Gott des impulshaften Lebens aus der Tiefe verbindet sich Apollo, der Gott der Höhe als Bruder. Beide sind sie Söhne des Höchsten, des universalen Bewußtseins strömender Allgegenseitigkeit.

Zweiter Teil: Tanz-Modelle

Zeichen und Abkürzungen

Ausrichtungen im Tanz:

 geschlossener Kreis

 offener Kreis

 Front

 auf der Stelle

 in Tanzrichtung (TR)

 gegen Tanzrichtung (GTR)

 TR, Front zur Mitte

 TR, Front diagonal zur Mitte

 GTR, Front zur Mitte

 GTR, Front diagonal zur Mitte

 Front zur Mitte, vor

 Front zur Mitte, rück

 zur Mitte, Front seitwärts

 rück, Front seitwärts

 Drehung am Platz linksschultrig

 Drehung am Platz rechtsschultrig

 Halbmond-Formation, Front zur Mitte

 Auf beiden Füßen mit plié in die Grätsche springen

 L-Ferse vor R-gestrecktes Standbein kreuzen

Arm- und Handhaltungen:

Arme unten

Hände in Augenhöhe, Reigenfassung

Arme oben

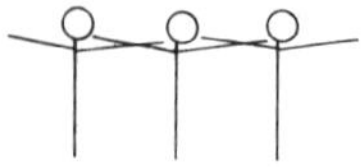

Schulterfassung: links vor rechts

Korbfassung: links über rechts

Gürtelfassung: statt der Hände den Gürtel des Nachbarn fassen (festerer Griff)

untergehakt: linker Arm greift unter den rechten Arm des linken Nachbarn; linke Handfläche weist nach oben, in die rechter Nachbar seine Hand legt

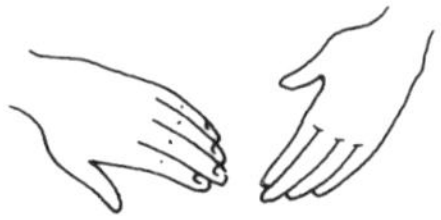

Handhaltung: linke Hand in die geöffnete rechte Hand des Nachbarn legen

Gebetsgebärden

Fußstellungen:

R: rechter Fuß

L: linker Fuß

re: rechter Arm

li: linker Arm

da capo: Wiederholung

–́ ◡◡: rhythmische Einheiten
lang (betont)
kurz, kurz

(–́ ◡ v): (bzw. kürzer)

ran: Fuß an Standbein anschließen

hüpf: auf dem Standbein hüpfen

tip: mit Fußspitze bzw. Ballen Boden berühren

stampf: mit ganzem Fuß bzw. Hacke fest auftreten

drehen: auf dem Standbein drehen

schleifen: mit dem Ballen kurz über den Boden schleifen

wiegen: über der eigenen Mitte hin- und herwiegen

relevé: auf dem Ballen des Standbeins erhoben stehen bzw. auf den Ballen beider Füße

plié: Knie eines oder beider Beine beugen

kick: Ferse in die Luft stoßen, Knie kurz strecken

Einführung

Aus dem überaus reichen Erbe der europäischen Tanz-Folklore, die hauptsächlich in Südosteuropa noch lebendig tradiert wird, ist hier eine kleine Auswahl getroffen. Durch diese Tänze und ihren Symbolgehalt können wir anknüpfen an sakrale Überlieferungen unseres Kulturraumes. Und so richtet sich das Angebot dieses Buches an alle, die den Menschen in seiner Ganzheit fördern möchten durch die im Religiösen wurzelnden Medien von Musik und Tanz.

Die Urbilder, die in die Grundformen des Reigens und seine vielen Varianten eingewoben sind, tauchen wieder auf und werden lebendig und wirksam durch den Nachvollzug. Damit eröffnen sie tiefere Dimensionen des Seins.

Im Reigentanz sind die Formen noch identisch mit dem Inhalt. Die lastende Persönlichkeit wird neutralisiert, die in Subjekt–Objekt gespaltene Welt wird im Bewegungsfluß als Eines integriert. Durch die Urbilder in ihrer Ganzheitlichkeit, als Elemente des Heilens, werden extreme Zustände ausgeglichen.

Die Auswahl der hier vorgestellten Folkloretänze und die in Anlehnung an überlieferte Modelle neu geschaffenen Tänze haben sich in der Arbeit mit Gruppen als erprobtes Medium der *religio* als Rückverbindung erwiesen. Sie nehmen den einzelnen in einen rhythmisch-musikalischen Schwingungsbereich auf, der in einer Tiefenerfahrung gründet. Dabei ist es die Wiederholung der Bewegungsarchetypen, welche die Verwandlung bewirkt dadurch, daß alles Gegensätzliche in die fließenden Urbilder eingependelt wird. Dieses Bildgeschehen ist im Tanz in den Bewegungsablauf als ein federndes Kräftespiel mit hineinverwoben. Mit diesen Bildern, die in den Formen verborgen sind, steht der Tänzer durch den Nachvollzug der Bewegungsmotive im Austausch. So wird er selbst in sich zum Schöpferischen angeregt.

Die Tanzwege sind zeichenhafte Wege zur Freiheit, indem das Umschreiten der Leere, wie es der Kreis darstellt, dem Tänzer zum Inhalt wird – kreisend wandelt er sich zum leeren Gefäß. Der Kreis, als auf die Erde projiziertes Abbild des kosmischen Urraumes, nimmt den Tänzer auf als integralen Bestandteil seiner Struktur. Die unsichtbare Mitte ist der Bezugspunkt für alle Bewegungen. Das Modell für diese Form ist der Lauf der Sonne, der Wandel der Planeten auf ihren Bahnen, ihre retardierenden Momente, wie auch das Wachstum des Lebens auf der Erde.
Das zyklische Leben am Himmel und auf der Erde bezieht den Menschen als Tänzer in den immer wiederkehrenden Prozeß des Reifens zwischen Geburt, Tod und neuer Geburt mit ein. Das Pendeln, das Vor und Rück, Auf und Nieder, auch das Drehen um die eigene Achse sind Teil der Erkenntnis, daß der Mensch im Brennpunkt der Auseinandersetzung zwischen Hell und Dunkel, Leben und Tod, Einheit und Zerstückelung steht.
In sich verkörpert der Tänzer ein Kreuz, seine Erlebnismitte ist das Herz als Schnittpunkt der a) Raum- und b) Zeitachsen:

a)  b) 

Die überlieferten Hand- und Armverbindungen der Tänzer im Kreis sind im eigentlichen Sinn Gebetsgebärden mit entsprechendem Ausdrucksgehalt (vgl. auch »Vater unser« und »Gedächtnis der Gottesmutter«).
Hängen die Arme nach unten: , so wird damit die Erde bedeutet. Die durch die Tänzer fließende Energie, die gemeinsam gesammelte Kraft, fließt abwärts. (Vgl. *Häutung der Schlange,* 1. Teil).
Sind die Arme zu halber Höhe erhoben:  bzw. in offener Gebetshaltung: , wobei die Hände etwa in Augenhöhe

sind, wird das erweiterte Energiezentrum des Solarplexus bedeutet: Die Hände als physische Verbindung der Tänzer im Kreis sind erhoben zum Kreis des Lichtes, auch des Geistes, der durch die Augen fließt.

Sind die Hände mit gestreckten Armen über den Kopf gehoben, meist am Ende einer Tanzphase, so bedeuten sie die aufsteigende Kraft, das Über-Irdische, ein Über-sich-Hinauswachsen als Hinweis oder Ziel:  (Vgl. *Lichtgebet*)

Die Armhaltung mit gestreckten Ellbogen, wobei die Hände auf den Schultern des Nachbarn liegen, meist links vor rechts: , symbolisiert die aus zwei Strängen geflochtene Kordel, die Vereinigung der Gegensätze von Hell und Dunkel, Leben und Tod, usw. (Vgl. *Hassapicos*)

Bei Tänzen mit schnelleren Schrittvariationen gibt es engere, geflochtene Verbindungen der Tänzer untereinander. Die ausgebreiteten Arme werden vorne oder hinter dem Rücken, meist links vor rechts, verschränkt. Diese Haltung ist auch als Gürtelfassung variiert: man hält sich nicht an den Händen, sondern am Gürtel des Nachbarn:  (Vergl. *Regentanz*)

Auch das Unterhaken bewirkt eine enge Verbindung der Tänzer, um die Einheit der Tanzenden, gleich einem einzigen Leib, symbolisch darzustellen, wie bei den griechischen Ostertänzen, dem *Tsaconicos* und der *Kappadozischen Osterprozession*.

Für die in der Folge aufgeführten Reigentänze gilt, sofern nicht anders angegeben, die Tanzrichtung gegen den Uhrzeigersinn, entgegen der Zeit, die in ihrem Ablauf »stirbt«, also von West nach Ost, entsprechend der Rotation der Erde. Die generell überlieferte Ausrichtung des geschlossenen wie offenen Tanzkreises ist die zum imaginären Lichtaufgangspunkt hin, dem Geburtsort der Sonne. Der Mensch, aus dem Dunkel kommend, zieht auf seinem Weg dem Licht entgegen, als dem symbolischen Ziel seiner Wanderung.

Das Einholen des Lichtes ist auch angedeutet durch die geöffnete rechte Hand (die Handfläche weist nach oben) und das Weitergeben des Lichtes durch die mit der Handfläche nach unten weisende linke Hand. So ist der Tänzer selbst Kanal für den Energie- oder Lichtstrom. Die so entstandene Kette der Tänzer ist Symbol für den gemeinsamen Schicksalsweg.

Das Ziel des Tanzens ist Harmonie. Es erfordert deshalb in der Gruppe Wachheit, denn wie im täglichen Leben führen Unaufmerksamkeit, ungenaue Rhythmen, Mangel an Hinwendung zum Detail, Hemmungen des Sich-geben-Könnens an das Ganze, zu Disharmonie und letztlich zu Chaos. Während die Füße Zeichen auf die Erde setzen, wird die Intensität des Tanzgebetes als gemeinsames Anliegen und Schicksal durch die verbundenen Händen veranschaulicht.

Alle angeführten Tanzbeispiele beruhen auf rhythmisch geordneter und dynamisch gesteigerter Wiederholung einfacher Bewegungsabläufe. Durch das Fortschreiten aber, durch den Wandel, ist das Wiederholen des Gleichen nie dasselbe, es sind vielmehr beliebig viele Variationen des Einen. Die Bewegungssprache besteht aus Schritten beziehungsweise aus Gebärden, die den Worten entsprechen. Die Bewegungsmotive sind die Sätze, deren abstrakte Raumformen für Themen und Erlebnisinhalte stehen.

Diese Inhalte offenbaren sich durch den Nachvollzug der Formen.

Alles Wissen um den Tanz verhilft uns deshalb noch nicht zum Leben, auch nicht zum inneren Leben – Tanz will erfahren werden.

1 Ewigkeit und Zeit

Die Zeit, aus der Ewigkeit geboren, nimmt vom Ursprung ihren Lauf und kehrt zum Ursprung zurück. Übersetzt als Bewegungsmotiv ist der Zeitfluß ein kreisendes Pendeln, verbunden mit einer auf- und absteigenden Spirale. (Vgl. *Tanz der Unendlichkeit*)

Harmonie, als Gleichgewicht des Gegensätzlichen ist in ihrer Vollendung symbolisiert durch das Yin-Yang-Zeichen: Jede der beiden Hälften trägt in sich den Keim der anderen, beide stehen miteinander in einem ständigen Wechselspiel und entfalten sich im dynamischen Kreislauf des Werdens und Vergehens. (Vgl. *Yin-Yang Tanz*)

Der Stillstand der Zeit im Augenblick der Ruhe, als Sehnsucht und Ziel menschlichen Strebens, findet seinen tänzerischen Ausdruck im Vor- und Rückpendeln innerhalb des Zeitflusses. Seine Erfüllung findet er im Augenblick der Ruhe; gleichzeitig ist die Ruhe aber auch Sammlung für den neuen schöpferischen Impuls. (Vgl. *Koftós*)

Invokation: Hymnos an die Muse

(Mesomedes von Kreta, ca. 130 n. Chr.)

Sing' mir, liebe Muse	◡ –́ ◡ –́ ◡ –́ ◡ –́ /
und stimme an mein Lied.	–́ –́ ◡ –́ ◡ –́ –́ /
Laß' einen Hauch der heil'gen Haine	–́ –́ ◡ ◡́ ◡ ◡ –́ ◡ –́ /
berühren mein Gemüt.	v ◡́ ◡ ◡ –́ ◡ –́ ◡ –́ /
Du hehre Kalliope*	–́ ◡ ◡ –́ ◡ ◡ –́ /
führst den Reigen anmutiger Musen.	– ◡́ ◡ ◡ ◡ –́ ◡ ◡ –́ –́ /

* Muse der Dichtkunst

Und du, Letos Sohn**,	⏒́ ⏑ ⏑ ⏒́ ⏑ ⏑ ⏒́ /
weiser Begründer der Mysterien,	– ⏒́ ⏑ ⏑ ⏒́ ⏑ ⏑ ⏒́ ⏑ ⏒́ /
Sonne von Delos***,	
steh' mir gnädig bei.	⏒́ ⏑ ⏑ ⏒́ ⏑ ⏒́ ⏑ ⏒́ //

Diese Invokation an den Geist der Kunst ist als freie Improvisation vorgeschlagen, nach dem angegebenen Maß unregelmäßiger Kürzen (⏑) und Längen (⏒́). *Mousiké,* die Kunst der Musen, beinhaltete die Einheit von Musik, Dichtung und Tanz. Der Rhythmus der Sprache bestimmte den Bewegungsrhythmus der Füße, das Heben wie das Aufsetzen. Noch heute sprechen wir vom Versfuß. Der Musikrhythmus baut auf dem Prinzip rhythmischer Reihung der Silben auf, der Gesang ist monodisch und in einfachster Weise von Akkorden begleitet, wie dies noch heute in der griechischen Volksmusik hauptsächlich der Fall ist.

In der griechischen Antike herrschte der Glaube vor, daß die Dinge sich substantiell durch den Klang bekunden. Da der Klang die Substanz ist, hat das Gebet auch die Macht der Erfüllung. Das Versmaß wird durch den Körper empfunden, das heißt getanzt, somit sind auch der Musik- und Bewegungsrhythmus eine Einheit.

Mit dem Beginn der christlich-abendländischen Geschichte zerfällt die Einheit der *Mousiké* in Dichtung und Prosa, Musik und Tanz; das Bewußtsein differenziert zwischen Körper und Geist. Der Takt tritt auf als ein Gesetz, welches die rhythmischen Werte ordnet und strukturiert. Die Bewegtheit des Körpers wird immer mehr zurückgenommen, der Sänger wird schließlich Statist und der Tanz als religiöses Ausdrucksmoment wird tabu.

** Apollo, Gott des Lichtes, Anführer der Musen
*** Geburtsort Apollos

Tanz der Unendlichkeit
(Pachelbel, Kanon, D-Dur)

Choreografie: Bernhard Wosien
Takt: 4/4
Rhythmus: Gleichmäßige Längen, auf jeden Taktschlag einen Schritt. Beginn mit Einsatz der Solo-Violine.
Aufstellung: Im geschlossenen Kreis: ⊙, Front zur Mitte:
Bewegungseinheiten:
1 L-seit tip (in GTR wenden)
2 L-rück kreuz und plié
3 R-seit (z. Mitte wenden)
4 L-vor kreuz u. plié (in TR wenden)
5 R-seit tip (u. wenden in GTR)
6 R-vor kreuz u. plié
7 L-seit (z. Mitte wenden)
8 R-rück kreuz u. plié (in GTR wenden) // Da capo

Beim Kreuzschritt pendelt die Achse jeweils mit in Richtung des kreuzenden Fußes. Dabei entsteht neben dem Hin und Her auch ein Auf und Nieder der Bewegung, was mit einem geführten Ein- und Ausatmen, auch mit gemeinsam rhythmisch gesprochenen Gebetsformeln verbunden werden kann. Die Haltung ist aufrecht, die Kniebewegungen sind weich, die Schreitbewegungen fließend in den Übergängen. Dabei sind größere Schritte nach rechts und kleinere nach links zu machen, so daß der Kreis sich langsam in Tanzrichtung (TR) vorwärtsbewegt. Beim Wenden wird gleichzeitig auf dem Ballen des betreffenden Fußes gedreht. Das Motiv des Hin- und Herpendelns dauert jeweils zwei Taktfolgen und zeichnet mit den Fußspitzen eine Lemniskate nach:

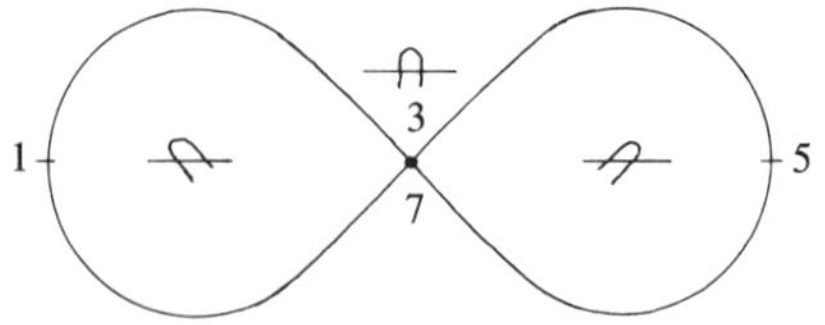

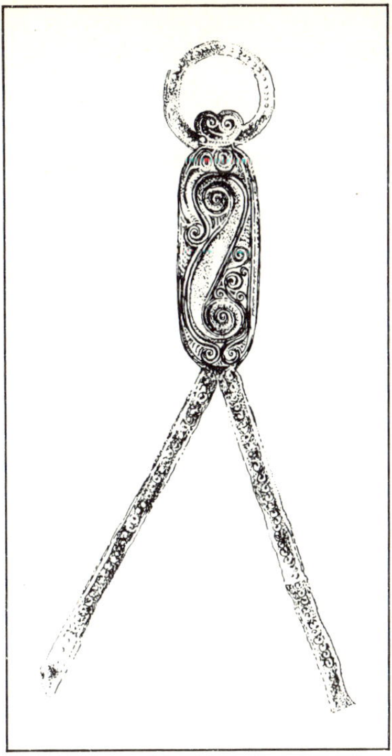

Verbundene Doppelspirale auf dem Leib einer mykenischen Figur, Gold-Fragment einer Knieschutz-Scheibe, etwa 1600 v. Chr., Nationalmuseum, Athen.

Bewegungseinheiten der Arme:

a) Im geschlossenen Kreis angefaßt:

1–5 die Arme mit gestreckten Ellbogen heben,

6–8 die Arme ebenso wieder senken.

b) unangefaßt im Kreis:

1–5 die Arme parallel nach oben führen, auch die Handflächen weisen nach oben, den Energiestrom nach oben tragend,

6–8 die Arme parallel nach unten führen, die Handflächen zeigen nach unten, die Energie abwärts geleitend.

Durch das Pendeln der Körperachse entsteht eine Spiralbewegung der Arme: von 1–5 eine aufsteigende, schöpfende, von 6–8 eine absteigende, ausgießende Bewegung.
Die Armbewegung projiziert das Symbol der Unendlichkeit vertikal in den Raum, das von den Füßen gleichzeitig horizontal geschritten wird. Schnittpunkt der beiden Spiralen ist die Mitte des Tänzers.

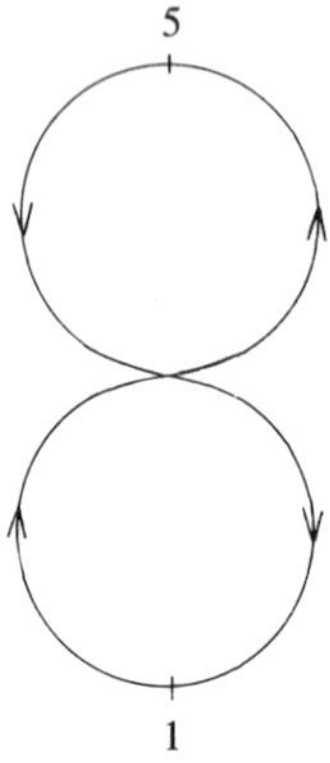

Die Zeit teilt das ewige Rund (Koftós)
(Griechischer Volkstanz aus Épirus)

Koftós heißt »geschnitten« und hat zum Thema die Geburt des Augenblicks. Dieser war nach dem Mythos das jüngste Kind des Zeus, dem Sohn des Chronos und Enkel des Urelternpaares Uranos und Gaia, die in ewiger Umschlingung miteinander vereint waren. Chronos trennte Uranos und Gaia, Himmel und Erde. Raum und Zeit entstanden als getrennte Welten, und es begann die Herrschaft der Zeit. Der Augenblick aber ist es, welcher den Einbruch der Ewigkeit momentan wieder zur Wirklichkeit werden läßt, als fruchtbare Dimension einer Umpolung, einer Rückkehr als Neubeginn.

Im Koftós pendelt der Tänzer siebenmal in leichter Rückwärts- und Vorwärtsbewegung um seine Achse, ist dabei aber immer zum Kreiszentrum ausgerichtet. Wie beim *Tanz der Unendlichkeit* ist hier eine Spiralbewegung um die Körperachse angedeutet.

Jedes Schrittmotiv besteht aus drei Schritten: lang (–́), kurz (◡) und kürzer (v), das ganze Bewegungsmotiv aus sieben mal drei Schritteinheiten. Die achte Einheit ist der »Schnitt«, der in zwei Varianten getanzt werden kann:

a) als momentaner Stillstand des Tänzers, dabei werden die Arme erhöht, und manchmal ist er mit einem Ausruf verbunden (wie »Hei«);

b) als zwei Sprünge, erst in Grätschstellung, wobei er die Arme waagerecht ausbreitet: als Darstellung der Raumachse; und dann mit beiden Füßen zusammen, dabei klatscht er mit gestreckten Armen über seinem Kopf in die Hände: als Darstellung der Zeitachse. Daraufhin beginnt das Schrittmotiv von neuem. Ein getanztes Motiv entspricht einem musikalischen Thema.

Takt: 7/8
Rhythmus: –́ ◡ v (Daktylos)
Handhaltung:
Aufstellung: Geschlossener ⊙ oder leicht offener Kreis ⊙
Bewegungseinheiten:

1. TR R-rück: –́
L-ran: ◡
TR R-vor: v
} um die Achse von rückwärts nach vorwärts pendeln

2. TR L-vor: –́
R-ran: ◡
TR L-rück: v
} um die Achse von vorwärts nach rückwärts pendeln

Der erste (lange) Schritt kann jeweils synkopenmäßig angehüpft werden.

Das erste und zweite Schrittmotiv wird im Wechsel siebenmal getanzt. Dann folgt bei der achten Zähleinheit als betonter Stop entweder:

Variation a) stehend zur Mitte gewendet, die Hände sind weiterhin angefaßt, nur höher erhoben: 

oder

Vatiation b) ebenfalls zur Mitte gewendet, in zwei Sprüngen am Platz: :  .// Da capo

Yin-Yang-Tanz

(Bach, Brandenburgisches Konzert Nr. 1, Adagio)

Dieser ruhige, meditative Schreittanz ist eine Darstellung des Gesetzes der Verwandlung der dual gepolten Kräfte Hell-Dunkel, als Basismuster des Daseins, in das jeweils Gegensätzliche. Die Verwandlung erfolgt durch die Energie, die als neutrale Kraft immer weiter fließt: das Dunkle birgt in sich den Keim des Hellen, das Helle birgt in sich den Keim des Dunklen. Dadurch geht eins in das andere über in einem Prozeß ständiger Umwandlung.

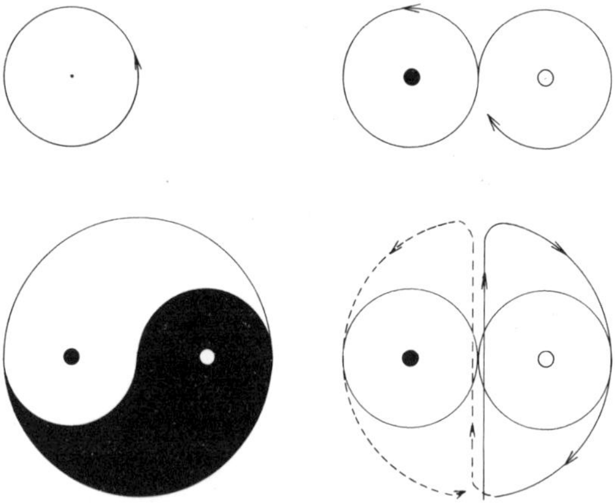

Die beiden Pole des Zeichens werden durch zwei einander gegenüberstehende Personen verkörpert, die am Platz stehen und ihre Qualität jeweils durch Gebärden des Sichausbreitens, Öffnens und des Sichzusammenziehens, Engwerdens ausdrücken. Der Energiefluß wird durch die rhythmisch schreitende Tänzerkette dargestellt, die dem Symbol entsprechend ihren Weg nimmt, das heißt anfänglich im geschlossenen Kreis, der sich öffnet und dann von einem Anführer gezogen wird.

Choreografie: M.-G. Wosien
Takt: 4/4
Rhythmus: –́ ◡
Handhaltung: 
Aufstellung: Geschlossener Kreis, der zur Kette wird
Bewegungseinheiten:
1. TR: ⇒ R, L-Ballen ransetzen } im Wechsel
2. L, R-Ballen ransetzen }

Aufrecht und ruhig schreiten.
Solange der Kreis geschlossen ist, bleiben die beiden Pole noch neutral, das heißt sie stehen: . Erst wenn die Kette die Mitte zwischen den beiden Polen erreicht hat, nimmt jeder die entsprechende Haltung ein. Demjenigen, dem der Anführer der Kette sich zuwendet, und nach ihm dann jeder einzelne Tänzer der Kette, wird hell, das heißt er nimmt eine offene, nach außen gekehrte Haltung ein (erhobener Kopf, ausgebreitete Arme), während der gegenüberstehende Pol gleichzeitig dunkel wird, das heißt er nimmt eine introvertierte Haltung ein (senkt den Kopf, kauert sich z. B., oder kreuzt die Arme vor der Brust). Beim nächsten Durchgang der Kette wandeln sich die beiden Pole spiegelbildlich in ihr Gegenteil, sobald der Anführer des Zuges wieder zwischen sie kommt. Nach Möglichkeit zu Ende der Musik wieder einen Kreis bilden, wobei die beiden Pole Hell–Dunkel wie zu Anfang eine neutrale Position einnehmen.

2 Das göttliche Licht

Höchstes Abbild der göttlichen Macht ist die Sonne, als Träger des Lichts. Im Wechsel ihres Auf- und Niedergangs ist sie Symbol für das sich durch den Tod erneuernde Leben.
Der dem Helios-Apollo gewidmete Hymnus besingt den Moment der aufgehenden Sonne und die Verbreitung ihrer Strahlen über die Welt. Entsprechend dem textlichen Inhalt symbolisiert der Tanz zum *Hymnos an die Sonne* ihre Geburt, das Erscheinen des Mondes aus dem Sonnenlicht, seinen Wandel und Niedergang und den Lauf der Sonne bis zu ihrem Stillstand im Zenit.
Der Sonnenweg des Menschen, getragen von der Sehnsucht nach dem Licht, ist in der *Sonnen-Meditation* ein nach innen genommenes Erleben der Qualität der Lichtstrahlen: das zur Mitte ausgerichtete Vor- und Rückwiegen ist verbunden mit dem schrittweisen Weiterkommen im Raum.
Der dynamische Aspekt des Sonnenweges von ihrem Auf- bis zu ihrem Untergang ist versinnbildlicht in dem heiteren Tanz der *Sonnen*spirale als einem Endlos-Motiv des Sich-Ein-und-Ausrollens; dabei wechselt der Bewegungsimpuls ständig von der Peripherie zum Zentrum, und umgekehrt.
Die Symbole *Sonne und Kreuz* wurden in den ältesten Kulturen miteinander in Verbindung gebracht. Als sich drehende Weltachse von unendlicher Ausdehnung ist das Kreuz auch Weg für das Herabsteigen des Schöpfergottes. Das Sonnenrad ist Zentrum des Himmels, das in der Ewigkeit verankert ist.
Die Erfahrung des Lichts ist Begegnung mit der letztendlichen Wirklichkeit. Die *Bitte um Licht* ist existentielles menschliches Anliegen, denn das Licht erreichen bedeutet Verbundensein mit dem Zentrum.

Hymnos an die Sonne (Apollon), Gott des Lichtes

(Mesomedes von Kreta, ca. 130 n. Chr.)

Apollon, Sohn des Zeus und der Leto und Zwillingsbruder der Mondgöttin Artemis, war der Vater des Asklepios und des Orpheus. Von seiner Geburtsinsel in der Ägäis, Delos, verbreitete sich sein Kult mit vielen Reinigungen und Sühnungen rasch über ganz Griechenland. Seine Hauptheiligtümer befanden sich in Delphi und Delos, wo sein Altar aus lauter linksgerichteten Ziegenhörnern aufgebaut war, als Symbol für die Todesrichtung, die jeder Erneuerung vorangeht.

Nach der Überlieferung landete dort Theseus mit Ariadne und den erlösten Jungfrauen und Jünglingen aus Knossos. Nachts, beim Schein der Fackeln, so wird berichtet, zelebrierte er dort feierlich den *geranos*-Tanz (*ger* = winden), in Erinnerung an die Befreiung aus dem Labyrinth. Über die Todesrichtung hinausgehend, führt der Tanz zum Ursprung des Lebens im Mittelpunkt der Spirale, wo sich die Dimension der Tiefe als Geburtsort des Lichtes erweist. Dort dreht sich der Tänzer um und wendet sich in die Richtung des aufsteigenden Lichtes. Geführt und gehalten wurden die Tänzer durch den Faden der Ariadne, auch symbolisiert durch ein Seil, den Faden der Erinnerung und der Liebe. (Vgl. *Tsacónicos,* von dem man sagt er führe auf den ursprünglichen *geranos*-Tanz zurück, heute als Abwandlung eines christlichen Motivs der Auferstehung der Christus-Sonne zu Ostern getanzt.)

Als Licht- und Sonnengott stand Apollon für die Kräfte der Erneuerung: »Erkenne dich selbst« stand als Motto der geistigen Neugeburt über dem Eingang seines Tempels in Delphi. Als Helios-Sonne wurde Apollon verehrt als Garant der sittlichen Ordnung und des edlen Maßes. Nach der Überlieferung gebaren die sieben Saiten seiner Lyra die sieben Vokale des späteren griechischen Alphabetes.

Nach dem Mythos verließ Apollon zwischen Dezember und Februar sein Heiligtum in Delphi, um sich in das legendäre Land der Hyperboreer zurückzuziehen, in der Vorstellung der Griechen ein glückliches Volk im hohen Norden, wo es immer Tag war und ewiger Frühling herrschte. Während dieser Zeit verstummte das Orakel und es erklangen keine Hymnen mehr zu Ehren des Gottes. Statt dessen wurden Feste für Dionysos gefeiert, den Gott des vollen Lebens und des Rausches, der mit Apollon dessen Tempel teilte.

Im Frühjahr, im Jahresrhythmus die Zeit der Auferstehung, kehrte Apollon dann auf einem von Schwänen gezogenen Wagen nach Delphi zurück. Nun wurden Fruchtbarkeitstänze getanzt zu Ehren der erstarkenden Sonnenkräfte, zur Feier der Vermählung von Himmel und Erde und für das Reifen der Pflanzen und Früchte.

Später feierte das Christentum zu diesem Zeitpunkt das Osterfest als die Auferstehung ihres Gottes. Dieser symbolisiert nun die Kraft, die durch die Überwindung des Todes zu neuem, geistigen Leben führt – die Sonne wird zum Symbol für die Neugeburt des inneren Lichtes.

Der Chorgesang des Hymnos, nach dem einleitenden Sprechgesang, besteht aus 19 sich wiederholenden Rhythmusmotiven: ∪∪ _́ (Anapäst) mit der gelegentlichen Anfangsvariante: _ _́ (Spondäus).

Sprecher:	*Rhythmus:*
Andächtig mögen schweigen alle Himmel,	∪∪ _́ ∪ _́ ∪ _́ /
Erde und Meer und Winde.	∪∪ _́ ∪ _́ ∪ _́ /
Es sollen stille sein Berge und Täler,	_́ ∪∪ _́ ∪∪∪ _́ ∪ /
Ruf und Gesang der Vögel,	_́ ∪ _́ ∪∪ _́ ∪ /
denn es will kommen zu uns	_́ ∪∪∪ _́ ∪ _́ ∪ /

:kwärts, dabei Arme zur Schulterfassung heben, li

ıit großen Schritten das Sonnenrad tanzen in TR,
ɜewegungseinheit 17 wiederholen,
n Platz auf 1 und 2 rechtsschultrig drehen, gleich-
ken, Gesicht nach außen. Mit Schritten 3–10 das
gen und Arme lösen, dann strahlenförmig nach
halten.
usik Arme senken: , rechtsschultrig zur
R–L.

ıtion
für Cembalo, D-Dur, Adagio)

ɜ. Wosien

ınte
cht gleichmäßig ruhige Schritte und Wiege-
:hen einer Bewegungseinheit; ein Schritt ent-
tschlägen. Der Tanz beginnt nach dem Vorspiel
t dem Einsatz des Cembalos. Um die Dynamik
n man die Schritte nach der Fermate mit Beginn
ɔppelt so schnell tanzen und mit Wiederholung
en Grundthemas das anfängliche langsame

:hlossener Kreis: ⊙
ıt:
ɔt zur Mitte gewendet:

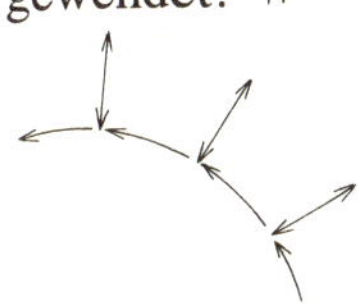

mit langlockigen Haaren, Phöbus Apollon*.	–́ ◡◡◡◡ –́ ◡◡ –́ ◡ /
Chor:	*Rhythmus:*
1 Vater des schneeäugigen Aos,	◡◡ –́ ◡◡ –́ ◡◡ –́ ◡ –́ /
2 mit rot-leuchtendem Wagen	◡◡ –́ ◡◡ –́ ◡◡ –́ ◡ –́ /
3 fährst du dahin	– –́ ◡◡ –́ /
auf den Spuren geflügelter Rosse,	◡◡ –́ ◡ –́ /
4 prunkvoll, mit goldenen Haaren,	– –́ ◡◡ –́ ◡◡ –́ ◡ –́ /
5 umspannend unendlich die Wege des Himmels,	◡◡ –́ ◡◡ –́ ◡◡ –́ ◡ –́ /
6 hineinflechtend, vielfach verschlungen,	– –́ ◡◡ –́ ◡◡ –́ ◡ –́ /
7 die Strahlen der Sonne,	– –́ ◡◡ –́ ◡◡ –́ ◡ –́ /
8 rings um die Erde windend	– –́ ◡◡ –́ ◡◡ –́ ◡ –́ /
9 leuchtenden Glanz.	◡◡ –́ ◡◡ –́ ◡◡ –́ ◡ –́ /
10 Flüsse unsterblichen Feuers	– –́ ◡◡ –́ ◡◡ –́ ◡ –́ /
11 gebären aus dir den ersehnten Tag.	◡◡ –́ ◡◡ –́ ◡◡ –́ ◡ –́ /
12 Es tanzt dir der heitere Chor der Sterne	◡◡ –́ ◡◡ –́ ◡◡ –́ ◡ –́ /
13 im Reigen über dem Himmelsolymp,	◡◡ –́ ◡◡ –́ ◡◡ –́ ◡ –́ /
14 singend ein freies Lied dir zur Lyra;	– –́ ◡◡ –́ ◡◡ –́ ◡ –́ /
15 Und voran führt, schimmernd, Selene**	– –́ ◡◡ –́ vv –́ ◡ –́ /
16 die himmlischen Kälber	◡◡ –́ ◡◡ –́ ◡◡ –́ ◡ –́ /

* Gott des Lichtes
** die Mondgöttin

17 im fallenden Rhythmus des Jahres. ◡◡–́ ◡◡–́ ◡◡–́ ◡◡–́ /
18 Und es ergötzt sich dein Aug' ◡◡–́ ◡◡–́ ◡◡–́ ◡◡–́ /
19 an der unendlichen Vielfalt der Welt. ◡◡–́ ◡◡–́ ◡◡–́ ◡◡–́ //

Choreografie: M.-G. Wosien
Rhythmus: ◡◡–́ (Anapäst)
Handhaltung: Wechselt mit den Bewegungseinheiten
Aufstellung: Im geschlossenen Kreis ⊙, Stehen während des Sprech-Monologes, Beginn mit Einsatz des Chores
Schrittmotiv: Gleichbleibend für die 19 Bewegungseinheiten. Jedes rhythmische Motiv beginnt mit R. Zu Beginn jeder rhythmischen Sequenz sind, der Einfachheit halber, immer nur die beiden Längen – –́ zu schreiten. Die Schritte am Platz klein halten, die fortschreitenden größer fassen; das Ganze federnd, auf dem Ballen abrollen. Jede rhythmische Sequenz enthält zehn Schritte, die einer Bewegungseinheit entsprechen:

1	2	34	5	67	8	9	10:	Schrittzahl	
(◡◡)	–́	◡◡	–́	◡◡	–́	◡	–́:	Rhythmus	
R	L	RL	R	LR	L	R	L:	aufsetzen	gleichzeitig
L	R		L		R	L	R:	heben	

Bewegungseinheiten:
1 am Platz im geschlossenen Kreis angefaßt Schulter an Schulter stehen, Front zur Mitte
2 Arme nach vorne gestreckt bis Schulterhöhe heben,
3 Arme gestreckt bis über den Kopf heben,
4 rückwärts, Arme waagerecht zur Schulterfassung ausbreiten, li über re; der Kreis hat sich geweitet,
5 in TR,
6 rechtsschultrig am Platz drehen, dabei Hände zur Reigenfassung erheben. Schritt 1 und 2 sind die Drehung, die übrigen Schritte am Platz, Gesicht nach außen.

5 R-vorschreiten
6 L-vorschreiten
7 R-seit
8 L-ranstellen // Da capo

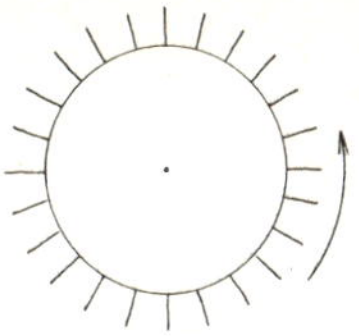

Die Sonnenspirale
(Hassapo-Servicos)

Spiraltänze, die auch mit dem Motiv des Labyrinthes zusammenhängen, sind ältester Überlieferung. Bekannt sind sie bereits aus der Jungsteinzeit und dem astrologischen Zeitalter des Stieres, das mit der frühen Periode der Minoischen Kultur auf Kreta zusammenfällt.
Verwoben sind die Spiraltänze auch mit dem Mythos des Minotauros, dem göttlichen Stier-Menschen, dem Mythos von Zeus und Europa, den Sagen von Theseus und Ariadne, dem Sterben des Gott-Königs und seiner Wiedergeburt.
Totenkult und Auferstehungsglaube bestimmen die Tanzform des Labyrinths, das als Umkehrspirale die wachsenden und wieder abnehmenden Hälften des Sonnenjahres symbolisiert, wobei die Linksrichtung die des Todes ist und die Rechtsrichtung den Geburtsweg des Lichtes darstellt.
Verbunden ist die Spirale auch mit Vorstellungen im Totenkult ältester Zeit, nämlich daß der Verstorbene auf der Todesreise den Spiralweg wandelt, und daß die Lebenden durch den Spiraltanz mit ihm Verbindung aufnehmen können.
Als Raumform wird die Spirale in beiden Richtungen hintereinander getanzt und ist somit auch Schwellensymbol zwischen Raum und Raumlosigkeit, Zeit und Ewigkeit, die polare Dynamik von Werden und Vergehen verbindend, wie auch den Zeitzyklus der Jahreszeiten und die Evolutionskette mehrerer Lebensdimensionen.

Choreografie: M.-G. Wosien
Takt: 2/4
Rhythmus: ◡◡
Handhaltung: Re Hand hält den Gürtel des Tänzers vor einem, li Arm ist hinter dem Rücken angewinkelt.
Aufstellung: Mit Anführer im geschlossenen Kreis ⊙
Schrittmotiv: Drei schnelle Laufschritte vor- beziehungsweise rückwärts und ein vierter Schleifschritt mit der Hacke am Boden
Bewegungseinheiten:
Beim Vorwärtslaufen leicht nach vorne lehnen, beim Rückwärtslaufen aufrecht:

1. R-L-R laufen, L mit der Hacke betont über den Boden schleifen,
2. L-R-L laufen, R mit der Hacke betont über den Boden schleifen,

1 und 2 im Wechsel.

Während des kurzen Vorspiels hebt der Anführer sein rotes Tüchlein und beginnt vom Kreis das Einrollen der Spirale. (Rot ist die Farbe der untergehenden, weiß die Farbe der aufgehenden Sonne.) In der Mitte angekommen, senkt er sein Tüchlein mit einem Zuruf als Signal für den Letzten, der nun zum Anführer wird, sein weißes Tüchlein hebt, und die Spirale rückwärts wieder zum Kreis zieht. Dieselben Schritte werden nun rückwärts vom Ballen zur Hacke abrollend getanzt. Die Spirale rollt ein und aus bis zum Ende der Musik.

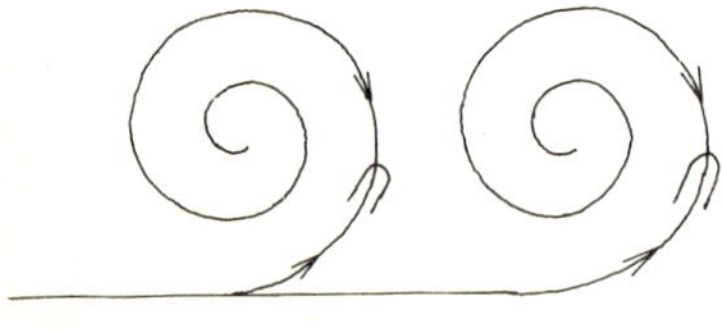

Sonne und Kreuz

(Bach, Instrumentales Vorspiel zu Actus Tragicus)

Choreografie: M.-G. Wosien
Takt: $^4/_4$
Rhythmus: Andante. Jeder Schritt entspricht einem Taktschlag.
Handhaltung: Bei den ersten acht Takten die Hände vor der Brust gekreuzt, re über li, dann Hände lösen und mit dem ersten Schritt die Hände verbinden: der erste jeder Reihe kreuzt die li Hand vor der Brust, reicht dem Tänzer hinter sich die re Hand, der sie mit seiner li faßt, usw.
Aufstellung: Zu vier Gruppen einzeln hintereinander aus vier Richtungen diagonal aufeinander zukommend. In der Mitte angekommen, reichen sich die vier ersten über der Mitte die Hände in Reigenfassung und schauen zur Mitte. Alle wenden sich in TR und werden zum Rad-Kreuz mit Reigenfassung: 

Bewegungseinheiten:
1 R
2 L
3 R
4 L-ranstellen, tip
5 L
6 R
7 L
8 R-ranstellen, tip // 1–4 und 5–8 im Wechsel

Fig. 1

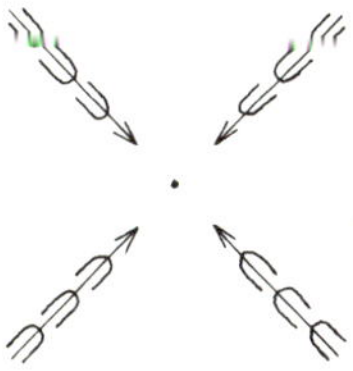

Fig. 2

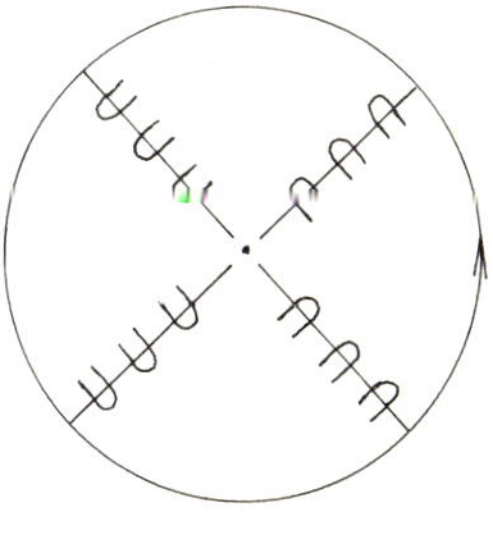

Bei Fig. 2 schreiten die äußeren große, die inneren entsprechend kleine Schritte, um die Diagonalachse zu wahren.
Beim Schlußakkord richten sich alle wieder zur Mitte aus und stehen, die Hände vor der Brust gekreuzt, re über li.

Lichtgebet

(Bach, Konzert für Oboe und Violine, D-Moll, Adagio)

Choreografie: B. Wosien
Takt: 6/8
Rhythmus: _́ ◡◡, tief-hoch-hoch, leicht wiegend
Handhaltung:
Aufstellung: im geschlossenen Kreis: ⊙, Front in TR →
Bewegungseinheiten:
Der Tanz beginnt nach acht Vortakten, mit Einsatz der Solo-Violine.
1 in TR →: R-L-R (_́ ◡◡), L-R-L (_́ ◡◡): viermal,
2 zur Mitte gewendet, am Platz, wiegen: R-L-R-L (zu vier Taktschlägen),
3 GTR ←: R-L-R (_́ ◡◡), L-R-L (_́ ◡◡) zweimal,
4 zur Mitte gewendet, am Platz, wiegen: R-L-R-L (zu vier Taktschlägen),
5 zur Mitte ↑: R-L-R (_́ ◡◡), L-R-L (_́ ◡◡): zweimal mit kleinen Schritten, dabei langsam die Arme heben,
6 in der Mitte am Platz wiegen, die Arme sind nach oben gestreckt: R-L-R-L (zu vier Taktschlägen),
7 rückwärts mit kleinen Schritten, dabei Arme langsam senken: ↓ R-L-R (_́ ◡◡), L-R-L (_́ ◡◡): zweimal,
8 am Platz wiegen, Arme sind unten: R-L-R-L (zu vier Taktschlägen) // Da capo
Der Tanz endet mit dem Gang zur Mitte und dem Heben der Arme als einer Bitte um Licht, stehen bis zum Ausklang der Musik.

3 Die Große Mutter

Mutter –
Laß alles was ich sage, Gebet an Dich sein.
Laß alles Tun meiner Hände, Gesten Deiner Verehrung sein.
Laß alle Bewegungen meines Körpers, Anbetung für Dich sein.
Laß mein Essen und Trinken, Deine Speise- und Trankopfer sein.
Laß meine Ruhelage ein Gebet zu Deinen Füßen sein.
Laß alles was mich erfreut, freudige Hingabe an Dich sein.
Laß alles was ich tue Dein Wille sein.

Śankara, 8. Jahrhundert

Die Große Göttin des Matriarchats ist unter zahllosen Namen bekannt, doch wird sie hauptsächlich in drei Aspekten verehrt. Sie galt als die treibende Kraft der kosmischen Prozesse.
In der Gestalt als lichte zunehmende Mondsichel (vgl. *Tanz des Sichelmondes*) ist sie die jungfräuliche Göttin des Himmels, auch die jugendliche Herrin der Tiere als Aphrodite, Kore, die Jungfrau Maria und Braut des Frühlings, die sich dem Himmelskönig vermählt.
Als Mutter der Welt, die alles Leben hervorbringt, als personifizierte Fruchtbarkeit, ist sie die Göttin der Liebe. (Vgl. *Die Venus als Fünfstern*) Nach der Hochzeit mit dem himmlischen Geist wird sie im Christentum zur Mutter des Erlösers. (Vgl. *Das Gedächtnis der Gottesmutter*)
Als die Verkörperung des Todes, der Zeit, die stirbt, nach dem Gesetz, das den Höhepunkt des Lebens in sein Gegenteil verwandelt, ist die Große Göttin auch die geheimnisvolle Kraft des ewigen Untergangs, die das aus ihr geborene Leben wieder einrafft. Das unerbittliche Gesetz des göttlichen Maßes findet Ausdruck in dem *Hymnos an Nemesis*.
Die Göttin in ihrer dreifachen Manifestation wurde als eine Gottheit geschaut und verehrt; und so soll der Dank an Erde und

Himmel die Vereinigung der Gegensätze bekräftigen in ihrem vielfältigen Wechselspiel. (Vgl. *Syrtós)*

Der Sichelmond

(Vivaldi, Konzert für Violine und Laute, D-Moll, Largo)

Choreografie: B. Wosien
Takt: 4/4
Rhythmus: Andante
Handhaltung: Untergehakt  (li unter re) oder eng stehend angefaßt: 
Aufstellung: Als offener Halbkreis , Front zur Mitte: 
Der Mond ist Symbol für die rhythmischen Zyklen der Zeit. Mit dem Mond verbundene göttliche Wesen beherrschten das Schicksal der Menschen. Im Mythos der Antike war Selene (*selas* = die Strahlende) die Mondgöttin, Schwester und Gemahlin des Sonnengottes Helios. Ihr unterstanden die Gezeiten, alles Wachstum und der Neubeginn.
Der Sichelmond, als Attribut vieler jungfräulicher Gottheiten, steht in bezug auf seine zunehmende Phase im Zusammenhang auch mit Schwangerschaft. So wird die Jungfrau Maria als »immaculata«, die Makellose, Reine, häufig auf der Mondsichel stehend oder sitzend abgebildet. Impliziert im Erscheinen des Neumondes ist auch die Bedeutung der Überwindung des Todes und der Hinweis auf das ewige Leben.

Bewegungseinheiten:
Das Raummotiv ist ein wandernder Halbmond, doch beschreibt auch jeder einzelne Tänzer mit acht Schritten einen kleinen Halbmond am Platz: mit den ersten vier Schritten die linke Hälfte der Sichel, mit den folgenden vier Schritten die rechte. Jeder Taktschlag ist ein Schritt.

1 L-vor (schräg links zur Mitte)
2 R-ran
3 L-vor (wie 1)
4 R-ran tip
5 R-rück (schräg rechts, in TR)
6 L-rück kreuzen hinter R (plié)
7 R-seit
8 L-ran // Da capo

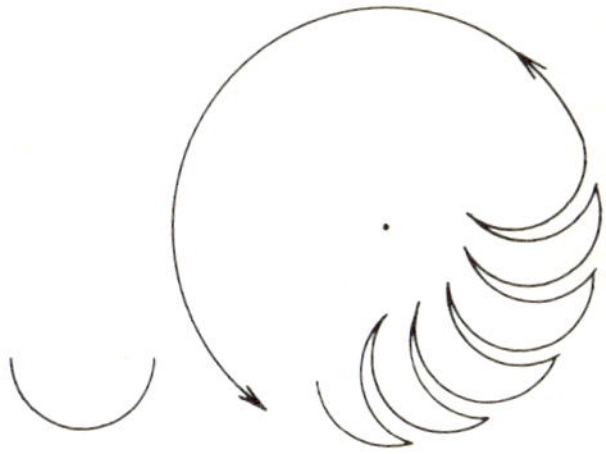

Die Venus als Fünfstern
(La Douce Dame Jolie)

Der Fünfstern ist eines der ältesten Bildsymbole der Menschheit, schon vor etwa 5000 Jahren eingeritzt in Felswände und auf Tongefäßen des Vorderen Orients. Es ist das Symbol der Großen Mutter als Himmelskönigin Sothis-Venus.
Bei Sonnenaufgang ist die Venus der letzte Planet, der im Westen als Morgenstern untergeht. Als erster aufgehender Planet ist sie am Abend der Abendstern und wurde schon im Altertum als der gleiche Planet erkannt.
Auf- und untergehend ist sie jeweils nur als Halbmond zu sehen. Wird sie voll, verschwindet sie hinter der Sonne und ist in dieser Konjunktion vierzig Tage lang unsichtbar. Diese Zahl ist als Regenerationsphase in vielen Kulturen heilig. Auf ihrer Bahn durch den Zodiakos (*zoë* = Leben, *diacos* = Rad) wird sie an fünf Punkten rückläufig. Obwohl diese Punkte langsam am Horizont weiterwandern, bleibt ihr Abstand immer derselbe. Verbindet man sie miteinander im Kreis, so erhält man den Fünfstern, verbindet man sie ein weiteres Mal, so erhält man das »Haus«, in dem die Venus, die Große Mutter und Himmelskönigin wohnt.

Das Schema Stern/Haus/Kreis läßt sich beliebig verkleinern und vergrößern. Nach innen wie nach außen ist das Gesetz unendlich. Alle Linien weisen über sich hinaus in die Dimension des Trans-Kosmischen.

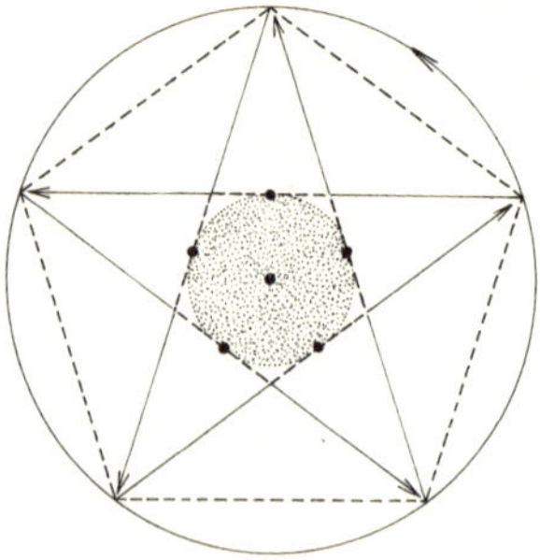

Wie riesige Uhrzeiger bewegen sich die fünf Spitzen des Fünfsterns langsam durch den ganzen Himmelskreis. Nach etwa 1460 Sonnenjahren stehen die Zeiger wieder am Ausgangspunkt. Dies ist das ägyptische Sothis-Jahr, der Großen Mutter heilig. Die Zahl Fünf als heilige Zahl ist Bestand der meisten Religionen, auch der Mensch im Raum ist ein Fünfstern (vgl. *Koftós*).

Choreografie: B. Wosien
Takt: 4/4
Rhythmus: – ◡
Handhaltung: Im Außenkreis unangefaßt, ; Fünfstern: li hängt seitlich herab, re als ›Sternspitze‹ nach vorne erhoben angewinkelt, re Hand auf li Schulter,
Aufstellung: Im geschlossenen Kreis,
Die jeweiligen Armpositionen während der beiden Vortakte einnehmen. Fünf Tänzer besetzen die fünf Punkte des Fünfsterns, die vorher am Kreishorizont markiert wurden.

Die Tänzer des Kreises schreiten mit Gesicht zur Mitte -ft→:
ganze Sohle R-seit (_́), L-ranstellen (◡) an der Kreisperipherie entlang im gleichen Tempo wie der Fünfstern.
Der Abstand zwischen den Punkten der fünf Wege sollte sieben mittellange Schritte betragen. Die Schritte entsprechen den betonten Einheiten der sechs Musikphasen, die jeweils etwas unterschiedlich lang sind.
Zu Beginn der Musik schreiten die fünf Tänzer des Sterns gleichzeitig mit sieben Schritten:
1 R, L-ranstellen tip = _́ ◡ (stop),
2 L, R-ranstellen tip = _́ ◡ (stop), usw.
auf den von rechts gesehen (d. h. in TR) übernächsten Punkt des Sterns, drehen sich zur achten Zeit gleichzeitig linksschultrig: ↺ am Platz, so daß sie wieder zur Mitte schauen. Mit Beginn der folgenden Musikphase gehen sie mit R beginnend wieder auf den übernächsten Punkt zu, bis jeder Tänzer auf allen Punkten war und an seinem Ausgangsplatz angekommen ist.
Auf jeder der fünf Wegstrecken treffen sich die Tänzer einen Moment lang in einem Innenkreis, ohne sich zu berühren; dieser ist als gestrichelter Kreis gezeichnet.
Am jeweiligen Ausgangspunkt angekommen, reihen sich die fünf Tänzer wieder in den Kreis und schreiten während der sechsten Musikphase zusammen mit den anderen Tänzern den Kreishorizont ab.

Gedächtnis der Gottesmutter
(Aus der Liturgie des hl. Chrysostomos)

Die Figur der Maria vereint in sich viele der Vorstellungen über die Große Mutter vorchristlicher Religionen des Mittelmeerraumes. In ihrer Liturgie verehrt sie die Ostkirche im besonderen als Jungfrau, Mutter und Himmelskönigin.

(*Priester:* »Insbesondere gedenken wir unserer allerheiligsten, unbefleckten, hochgepriesenen und ruhmreichen Gebieterin, der Gottesmutter und immerwährenden Jungfrau Maria.«)

Chor:

1. Dostóino jést, jakó vo ístinu ná schití tja bógoróditzú.
   Du bist wahrhaft würdig und gebenedeit, der Du Gott gebarst.
2. Prísno blaschénnuju i njeprorótschnuju i máter bóga náschevó.
   Mutter unseres Gottes, Du bist allzeit segensreich und rein.
3. Tschestnéischuju chéruvim í slávneischuju bessravnénija sérafim, bes istlénija bogaslova náschuju.
   Anbetungswürdiger als die Cherubim und unvergleichlich herrlicher als die Seraphim bist Du, der Du unversehrt gebarst das Wort Gottes.
4. Súschtnuju bógoróditzu, tjá velitschájem.
   Wahrhaftig Gottesmutter bist Du, Dich lobpreisen wir.

Der Chorgesang gliedert sich deutlich in vier musikalische Phasen, die auch Phasen der Anbetung sind. Der Gesang ist rhythmisiert.
Choreografie: M.-G. Wosien
Jede Gesangsphase entspricht einem Bewegungsmotiv.
Aufstellung: Im geschlossenen Kreis, Gesicht zur Mitte, die Arme sind rechts über links vor der Brust gekreuzt.

Phase 1:
Mit Beginn des Chorgesangs (»doistóino jést...«) die Arme langsam öffnen: , die Handflächen zeigen zur Mitte; dabei steht jeder für sich.
Sind die Arme zur Haltung der Anbetung geöffnet, wird R etwas vorgestellt, dann entsprechend dem Gesangsrhythmus, am Platz leicht vor- und rückwiegen.

Am Ende der Musikphase (»bógoróditzu«) R zurückstellen, in TR ausrichten, den linken Arm senken, den rechten vor der Brust kreuzen. 

Phase 2:
⇛ Langsam rhythmisch in TR schreiten, beginnend mit »prísno blaschénnuju . . .« = R-L-R . . .; es sind zehn Schritte bis zum Ende der Phase. Bei »bóga náschevo« L-ranstellen, zur Mitte wenden, Arme heben und öffnen wie bei 1).

Phase 3:
Mit Beginn des Chorgesanges R vorstellen und rhythmisch vor- und rückwiegen, wie bei 1). Am Ende der Phase, bei »bógaslóvu náschuju«, die Handflächen zur Gebetsgebärde zusammenlegen.

Phase 4:
Mit drei Schritten: R-L-R, L-ranstellen zur Mitte gehen bei »súschtschnuju bógoróditzu«, dabei Arme öffnen zur Orantehaltung: . Bei »tjá velitschájem« stehend die gestreckten Arme nach oben öffnen: .

Hymnos an Nemesis, Göttin der Vergeltung

(Mesomedes von Kreta)

Nemesis ist nach dem Mythos die Tochter des Okeanos und der Nacht. Ihre Kultstätten befanden sich hauptsächlich in Kleinasien. Dargestellt wird sie mit einem blühenden Apfelzweig in der einen Hand, in der anderen ein Rad haltend, das Symbol des Sonnenweges. Auf dem Haupt trägt sie eine silberne, mit Hirschen verzierte Krone und an ihrem Gürtel hängt eine Geißel.

Als Zeus einmal die Zahl der Menschen auf der Erde verringern wollte, da sie zu hochmütig geworden waren, wandte er sich an Themis, die Hüterin der Weltenordnung, die ihn an Nemesis verwies. Zeus verliebte sich in sie und aus ihrer Vereinigung als Schwan und Gans gebar Nemesis ein Ei, das die schöne Helena hervorbrachte – die spätere Ursache des Trojanischen Krieges.
Als Schicksalsgöttin straft Nemesis jegliche Überheblichkeit.
Die an die Jahreszeiten gebundenen Verwandlungen, entspringend dem Drehen des Rades der Nemesis, bedingten auch den periodischen Tod der heiligen Königs als Symbol der Sonne.
Hatte sich das Rad um die Hälfte gedreht, so mußte er auf dem Gipfel des Glückes sterben – fünfzig Monate waren ein halbes großes Jahr.
Der Eingang zum Totenreich des Hades lag in West-Épirus, am Todesfluß Acheron, wo sich auch das Heiligtum der Persephone befand, Ziel der Pilgerreisen des Odysseus, des Orpheus und des Herakles.

Der Hymnos:

Geflügelte Nemesis, schwarzäugige Göttin,
Du wendest das Schicksal zum Tod.
Der Gerechtigkeit Tochter, zügelst Du unerbittlich der Menschen nichtigen Stolz,
Verachtend jegliche Eitelkeit, auslöschend dunklen Neid.
Unter Deinem Rad, unstet und ohne Spur, dreht sich das Schicksal der Menschen.
Unbemerkt, mit funkelndem Blick näherst Du Dich, beugend den stolzesten Nacken.
Du gibst der Spanne des Lebens das rechte Maß,
Und neigend die Braue, hältst in der Hand die Waagschale Du.
Heil Dir Richterin, der alles Leben sich neigt.
Dich besingen wir, Göttin; die Flügel weitgespannt,
Bist Du siegreich, unfehlbar, unsterblich.

Der Dike* Vertraute, trägst zürnend Du
Der Menschen Hochmut zum Tartarus** hin.

Choreografie: M.-G. Wosien
Rhythmus: Der Hymnos besteht aus neun Taktrhythmen Vorschlag und zwanzig musikalischen Phasen, die je vier Trommelschläge und vier Anapäst-Rhythmen: ◡◡ –́ enthalten.
Aufstellung: Im geschlossenen Kreis mit Gesicht zur Mitte ⊙.
Der Kreis gliedert sich in Tänzer A und B, die zu Anfang nebeneinander stehen.
Handhaltung:
Bewegungseinheiten:
Gruppe A: Das Rad der Zeit: Die Tänzer stampfen zu den 9 Trommelschlägen mit der rechten Hacke 9mal auf die Erde. Mit Einsatz des Aulos beim fünften Trommelschlag die Arme strahlenförmig nach vorwärts und aufwärts richten, dann auf den letzten Trommelschlag zur Reigenfassung einknicken und anfassen: , eng stehen: TR. Gesicht bleibt zur Mitte. Jeweils vier Anapäst-Rhythmen sind ein Schrittmotiv:

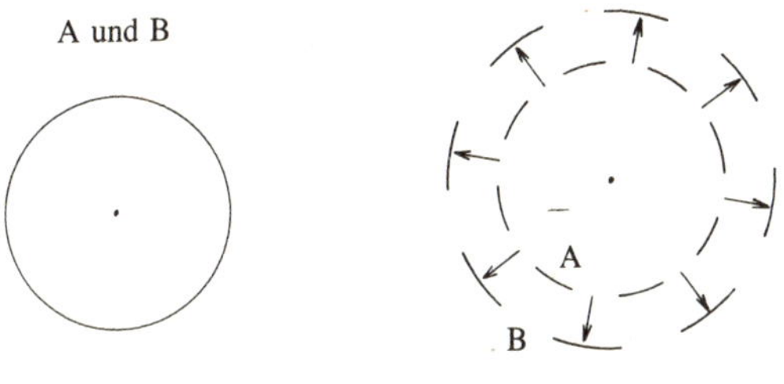

1 R-seit (◡◡) –́
2 L-vorkreuzen (◡◡) –́
3 R-L-R am Platz wiegen: R = (◡◡) –́ /
L = ◡◡ / R = –́

} 1. Schrittmotiv

* Göttin der Gerechtigkeit
** Unterwelt

4 L-vorkreuzen (∪∪) –́
5 R-seit (∪∪) –́
6 L-R-L am Platz wiegen: L = (∪∪) –́ /
R = ∪∪ / L = –́ //
1–3 und 4–6 im Wechsel.
[} 2. Schrittmotiv]

Die Schritte mit steifen Knien und staccatoartig, entsprechend dem Ticken der Zeit ausführen.

Gruppe B: Zug der Sterbenden: mit den 9 Trommelschlägen des Vorspiels lösen sich die Tänzer B aus dem Kreis und stellen sich in GTR auf:

1 R-rück
2 L-rück
[} Gesicht zur Mitte,]

3 R in GTR stellen, linksschultrig drehen
4 L ranstellen (ganze Sohle)
5 rechte Hand auf eigene linke Schulter legen
6 linke Hand auf rechte Schulter des Tänzers vor einem. Der Zug schließt sich erst während der Prozession zusammen.
7–9 Oberkörper leicht nach vorne lehnen, Kopf senken.
[} 9 Vorschläge]

Bewegungseinheiten des Zuges:

1 R-L-R
∪ ∪ –́
2 L-R-L
∪∪ –́
[} 1 und 2 im Wechsel während des Sterbezuges]

Dabei hin und herschwanken, auf die Länge leicht das Knie beugen, den Oberkörper neigen und auf den jeweiligen Fuß fallen. Die anderen beiden Schritte am Boden schleifen.

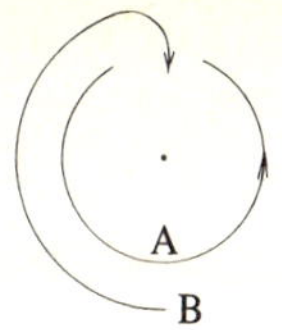

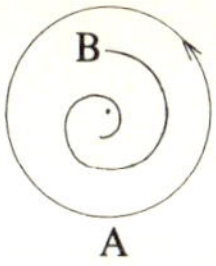

Nemesis führt den Zug, wendet sich während der 9 Trommelschläge dem Zug zu und hebt langsam rechts ihr schwarzes Tuch. Sie schreitet rückwärts -⇒-, jeweils nur auf die Längen des Rhythmus. Sie führt den Zug einmal um das geöffnete Rad der Zeit, dann durch die Öffnung spiralenförmig in GTR in dieses hinein und bildet schließlich die Mitte der Spirale, sich am Platze drehend bis Ende der Musik.
Sobald der Zug im Inneren des Kreises ist, schließt sich das Rad der Zeit, hält den Zug gefangen.
Die Spirale verdichtet sich im Inneren des Rades der Zeit wie in einem Gefängnis. Mit Ende der Musik sinkt der Zug in sich zusammen. Nemesis steht im Zentrum, das schwarze Tuch senkend. Auch der Außenkreis senkt die Arme.

Dankgebet an die Erde und den Himmel (Syrtós)

Der Syrtós ist wohl der älteste und in Griechenland verbreitetste Tanz. Er findet sich auf zahlreichen antiken Darstellungen, mit vielen Möglichkeiten der Raumformen und Schrittvariationen. Der Syrtós wird im offenen Kreis getanzt, und der Anführer einer Kette bestimmt die Tanzwege:

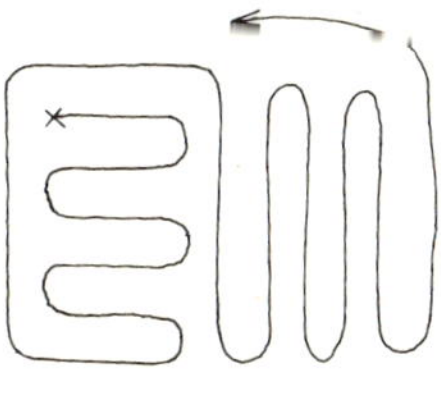

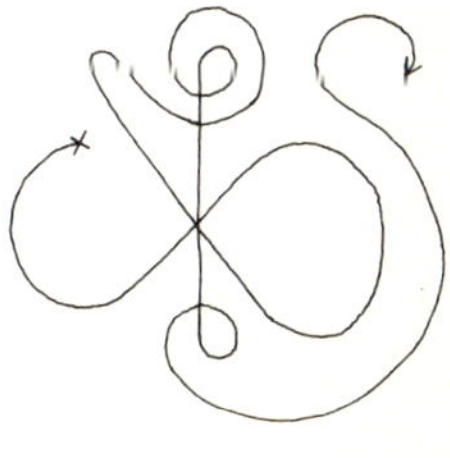

In jeder Gegend Griechenlands wird der Syrtós etwas anders variiert, jede Region hat ihren eigenen Syrtós. Er ist Ausdruck der Lebensfreude und Dankbarkeit. Im alten Griechenland wurde er bei allen kultischen Anlässen um den Altar getanzt (Dora Stratou).
Die Längen werden mit leichtem plié, die Kürzen mit leichtem relevé getanzt, dabei federnd und weich in den Knien, im besonderen beim Syrtós der Inseln, wobei man sich auch wellenförmig auf dem Tanzweg hin und her bewegt. Es gibt die Möglichkeit einer Verbindung der Schritte und der Armhaltung, als Dank an die Erde und den Himmel (B. Wosien).

Takt: 7/8
Rhythmus: ´_ ◡ ∨ (Daktylos)
Handhaltung: Vorwärts: ; am Platz:
Aufstellung: Im offenen Kreis, in TR
Bewegungseinheiten:
(A)
1 R-L-R (´_ ◡ ∨) leicht nach außen tanzen
2 L-R-L (´_ ◡ ∨) leicht nach innen tanzen
(B)
3 um die Körperachse pendeln: R-seit (´_)
4 L-rück kreuzen (plié), dabei R vorne leicht anheben (◡)
5 R-vorwiegen (∨)
6 L-seit (´_)
7 R-rück kreuzen (plié), dabei L vorne leicht anheben (◡)
8 L-vorwiegen (∨)
Dabei entsteht ein Wechselspiel von Spannen (´_), Lösen (◡) und Spannen (∨).
A und B im Wechsel tanzen.

4 Die Erde

Hymnos an Demeter/Persephone
(Teil eines Homer zugeschriebenen Hymnos)

Demeter, Göttin der Erde, ist Tochter des Chronos und der Rheia und Mutter der Persephone, die von Hades ins Totenreich entführt, Königin der Unterwelt wird. Persephone aber kehrt jedes Jahr im Frühling als Vegetationsgöttin auf die Erde zurück, wohingegen sie für die Zeit des Winters wieder in der Unterwelt herrscht.
In diesem Hymnus wird die Mutter, als Göttin des Getreidebaus und der Fruchtbarkeit, gemeinsam mit ihrer Tochter verehrt.
In der Antike waren die Einweihungsmysterien von Eleusis, dem der Demeter geweihten Heiligtum berühmt. Dort beging man im Frühjahr (März) die Kleinen und im Herbst (September) die Großen Mysterien durch Tanzdramen. Im Monat der Aussaat feierte man überall die Thesmophorien, ein Frauenfest, gedacht als Beschwörung der Fruchtbarkeit sowohl der Erde als auch der Frau. Die Vorstellung, daß die Erde alles Lebendige aus ihrem Schoß hervorgehen läßt und alles Todgeweihte zu sich nimmt, ist allen Naturvölkern eigen.

Der Hymnos:
1. Dich rufe ich an, erhabene, schönlockige Göttin Demeter
2. Und Deine königliche Tochter Persephonéia.
3. Sei gegrüßt Gottheit,
4. Schütze diesen Ort und beginne Dein Lied!

Rhythmus:
1. _́ _ _ ∪∪ _́ _ _́ ∪ _́
2. _́ ∪∪ _́ ∪ _́

3. –́ – –́ – –́ ◡◡ –́ ◡◡ –́ ◡◡ –́ –́
4. –́ ◡◡ –́ – –́ ◡◡ –́ ◡◡ –́ ◡◡ –́ ◡ –́ ||

Choreografie: M.-G. Wosien
Das Tanzgebet ruft durch das Aufschlagen der Hände und Stampfen (Phasen 1 und 2) die Kräfte der Erde an; das Freiwerden der Kräfte ist durch das Ausdehnen des Kreises und das Heben und Schwingen der Arme angedeutet (Phasen 3 und 4). Jede rhythmische Einheit entspricht einem Bewegungsmotiv.
Aufstellung: Im geschlossenen Kreis, Gesicht zur Mitte, auf dem rechten Knie eng zusammengekauert, Hände liegen flach auf dem Boden.

Bewegungseinheiten:
1. Auf die zweite und dritte Silbe des Anrufes »De-*me-ter*« mit der flachen rechten und linken Hand auf den Boden schlagen, aufstehen, Hände fassen: .
2. Aufrecht, mit R-ganzsohlig jeweils auf die betonte Länge dreimal aufstampfen.
3. Eine Länge (–́), beziehungsweise zwei Kürzen (◡◡) sind jeweils ein Schritt; Gesicht bleibt zur Mitte: ,
   R-rück, dabei L-gleichzeitig leicht anheben
   L-rück, dabei R-gleichzeitig leicht anheben
   R-rück, dabei L-gleichzeitig leicht anheben
   L-rück, dabei R-gleichzeitig leicht anheben
   R-rück, dabei L-gleichzeitig leicht anheben
   L-rück, R-ranstellen.
   } Arme langsam angefaßt heben:
4. Handfassung lösen. Die erhobenen Arme über dem Kopf mit lockeren Händen im Rhythmus hin- und herbewegen; dabei rechtsschultrig mit vier Nachstellschritten: R, L-ranstellen am Platz drehen:

a) –́ ⏑⏑ –́ –:	R, L-ran, einmal hin- und herwiegen	mit dem Oberkörper
b) –́ ⏑⏑ –́ ⏑⏑:	R, L-ran, einmal hin- und herwiegen	
c) –́ ⏑⏑ –́ ⏑:	R, L-ran, einmal hin- und herwiegen	
d) –́:	R, L-ran. Arme senken: , Handflächen nach oben geöffnet.	

Tanz zweier Frauen um eine Erdgottheit, 1800 v. Chr., polychromer Teller, Iraklion, Kreta.

Tanz an die Erde (Beratis)
(Volkstanz aus Epirus, Nordwest-Griechenland)

»Ein schwerer, bedächtiger, erdbezogener Tanz, der an das Begehen der Felder erinnert, an das Umpflügen der Schollen im Frühjahr und an den Gang des Opferstieres zum Altar« (B. Wosien).

Takt: 8/4
Rhythmus: –́ ∪ –́ / –́ ∪ –́ ∪ –́ / –́ ∪ /
Handhaltung: 
Aufstellung: Im offenen Kreis , R an L anwinkeln, tip. Front in TR: 
Bewegungseinheiten:

1 TR: R-vor mit ganzer Sohle und leichtem Schwung, dabei L-hinten etwas anheben, Kopf und Blick über die li Schulter wenden (–́),
2 L-vorkreuzen (∪),
3 R-an L anschließen, ganze Sohle (–́),
4 R-vor und im leichten plié nachfedern (–́),
5 L-vorkreuzen, Knie strecken (∪),
6 R-vor und im leichten plié nachfedern (–́),
7 L-vorkreuzen, Knie strecken (∪),
8 auf L zur Mitte drehen, dabei R-vorne in der Luft anheben (–́): 
9 R zurück schreiten , dabei L vorne anheben (–́),
10 L-seit aufstellen, dabei R an L anwinkeln, in TR ausrichten (∪). // Da capo

Regentanz (Goumenitsa)
(Frauentanz aus Mazedonien)

Noch heute gibt es auf dem griechischen Festland den Brauch, daß man während Zeiten von Trockenheit um Regen bittet. In den Dörfern ziehen Kinder von Haus zu Haus, in ihrer Mitte ein Mädchen, das mit dicht belaubten Zweigen verhüllt ist. Mit rhythmischem Sprechgesang und mit Tanzreigen gruppieren sich die Kinder vor jedem Haus des Dorfes. Dort begießt man das Pflanzenmädchen mit Wasser und schenkt ihm Eier und Süßigkeiten.

Auch in den Kirchen ist es noch üblich, mit Litaneien um Regen zu beten.

Takt: ²⁄₄
Rhythmus: –́ ◡
Aufstellung zum Vorspiel: Im offenen Halbkreis, Gesicht zur Mitte –∩–. Jede Tänzerin hat am Mittelfinger der rechten Hand ein Tüchlein befestigt, und steht vor Beginn der Musik mit erhobenem rechten Arm neben ihrer Nachbarin, der linke Arm hängt seitlich herunter.
Mit Beginn der Musik beugen sich die Tänzerinnen von der Hüfte aus vor und senken dabei gleichzeitig den gestreckten rechten Arm langsam mit einer leichten Vibrierbewegung der Hand, bis das Tüchlein vor dem linken Fuß den Boden berührt. Dort halten sie einen Moment inne und heben dann den Arm, sich aufrichtend, wieder langsam hoch. Beim Ruf »Yiiih« stillehalten.
Das Motiv wird wiederholt.
Handhaltung zum Tanz: Gürtelfassung, Arme ausgebreitet links über rechts gekreuzt. Die erste Tänzerin schwingt ihr Tuch.
Es gibt fünf Bewegungseinheiten bis zur Wiederholung des Vorspiels. Mit Einsatz der Trommel als Auftakt nur einmal R-seit stampf als erstem Schritt der Sequenz:
Bewegungseinheiten:
1 TR: R-vor (stampf) (–́)
2 L-vor kreuzen (◡) } ⇒
3 zur Mitte gewendet: R-seit, gleichzeitig L-i. d. Luft vorkreuzen und leicht auf R anhüpfen (–́ ◡)
4 L-seit, gleichzeitig R-i. d. Luft vorkreuzen und leicht auf L anhüpfen (–́ ◡) //. Insgesamt fünfmal. } –∩–
Die ersten beiden Laufschritte in TR vorgebeugt tanzen, die gehüpften Schritte am Platz aufrecht, zur Mitte gewandt.
Wiederholung des Vorspiels am Platz mit Heben und Senken der Tücher.

Dann wieder Gürtelfassung und Wiederholung der Sequenzen 1–4 bis Ende der Musik.

Bei der Wiederholung der ersten beiden Laufschritte:

1 R-vor
2 L-vorkreuzen (–́ ∪) } ⇛

3 auf beiden Füßen (Front zur Mitte) gleichzeitig mit leichtem plié abspringen, dabei L i. d. Luft vorkreuzen, } (–́ ∪)
4 auf beiden Füßen gleichzeitig mit leichtem plié abspringen, dabei R i. d. Luft vorkreuzen. } (–́ ∪)
} -A-

Labyrinthtanz (Daïdes)

(Spiraltanz aus dem Dorf Souflion, Thrazien)

Der Tanz ist ein Scherzlied über den ersten Mann im Dorf als »fünffachem Helden«.

Takt: ²⁄₈

Rhythmus: –́ ∪

Handhaltung: Gürtelfassung, links über rechts

Aufstellung: Im offenen Halbkreis, vorne die Männer, anschließend die Frauen, Front zur Mitte: -A-.

Beim Tanzen in die Spirale führen die Männer, beim Tanzen aus der Spirale heraus die Frauen, die in den offenen Halbkreis der Ausgangsstellung rückwärts zurücktanzen (Vergl. *Sonnenspirale*)

Bewegungseinheiten:

Vor dem Einsatz des Sologesanges gibt es vier Vortakte von Trommel und Dudelsack. Dabei wippen die Tänzer mit und öffnen und schließen ihren R Fuß viermal im rechten Winkel.

1 Mit Beginn des Sologesangs leichte Laufschritte in TR: ⇛ R-L-R-L, (∪∪∪∪),

2 am Platz: R-seit, dabei i. d. Luft L-vorkreuzen (–́ ◡)
3 am Platz: L-seit, dabei i. d. Luft R-vorkreuzen (–́ ◡). } Solo

1–3 wiederholen.

4 Mit Einsatz des Chores in TR vorwärts: ⇢ R-hüpf, L-hüpf (–́ ◡ –́ ◡),
5 zur Mitte gewendet auf dem Platz mit beiden Füßen abspringen, dabei L i. d. Luft vorkreuzen (–́ ◡),
6 auf beiden Füßen noch mal abspringen, dabei R i. d. Luft vorkreuzen (–́ ◡). } Chor

4–6 wiederholen, das heißt Solo und Chor werden jeweils zweimal hintereinander im Wechsel getanzt.

Beim anschließenden Instrumentalteil führt die letzte Tänzerin alle wieder rückwärts aus der Spirale heraus in den Halbkreis bis Ende der Musik: ⇠.

1 R-rück, L-rück, angehüpft,
2 auf beiden Füßen abspringen, dabei L i. d. Luft vorheben,
3 auf beiden Füßen abspringen, dabei R i. d. Luft vorheben.

Beim rückwärtigen Hinaustanzen ist die Bewegung Hoch-Tief betont.

Die Häutung der Schlange

(Bach, Konzert für Cembalo und Streicher, E-Dur, Siciliano)

Das Symbol der Schlange ist in vielen Kulturen ambivalent: Sie ist Hüterin heiliger Bezirke und ebenso Hüterin der Unterwelt. Auch wird sie verehrt als Tier, dessen Gift zu Heilzwecken Verwendung findet. Als Wächterin des Feuers verkörpert sie die Bedrohung der Lichtkräfte, die sie zu verschlingen sucht.

Die Verbindung Schlange–Lebensbaum ist im vorchristlichen

wie auch im christlichen Mythos tradiert, etwa am Stab des Äskulap, des Hermes, des Moses. Im indischen Chakren-System symbolisiert die Schlange die Lebenskraft, die an der Wirbelsäule entlang auf- und niedersteigt.

Aufgrund ihrer periodischen Häutung ist sie auch Sinnbild der Erneuerung der Lebenskräfte durch die Prozesse der Verwandlung. In diesem Sinne ist der Tanz konzipiert.

Choreografie: B. Wosien

Takt: 4/4

Rhythmus: –́ ◡ stop; Andante

Aufstellung: Im geschlossenen Kreis ⊙, Front in TR: →.

Handhaltung: , der erste Tänzer hält re ein weißes Tuch.

Bewegungseinheiten:

1 R-vor, L-ranstellen tip, stop (–́ ◡ stop),

2 L-vor, R-ranstellen tip, stop (–́ ◡ stop).

Nach wenigen Schritten in TR, wendet sich der Zug der Tänzer in GTR. Nähert sich der Anführer dem letzten Paar des Zuges, hebt dieses die Arme langsam zum »Tor«, und die Tänzerkette schreitet mit gebeugtem Kopf durch den Engpaß hindurch. Inzwischen geht das Paar, das das Tor bildet, dem Zug der Tänzer entgegen. Der letzte Tänzer dreht sich am Schluß einmal rechtsschultrig um sich selbst, als symbolischer Durchgang. Nach dem Durchschreiten des Tores erhebt man wieder den Kopf und die Handhaltung der Tänzer ändert sich von nach . Der Zug wird bis zum Ende der Musik wieder zum Kreis.

5 Tod und Auferstehung

Opfertanz (Hassapicos)

Der Hassapicos ist auch als »Metzgertanz« bekannt, als Tanz der Genossenschaft der Stiertöter, späten Nachfahren der byzantinischen Gilde der Stierpriester, die auch im Mithraskult das Amt des Stieropfers verwalteten.
Der Stier war in der Antike, wie auch bei den Minoern dem Gotte heilig, bei den Griechen dem Zeus wie auch der Dione, dem weiblichen Aspekt des Zeus, und der Demeter.
Geleitet von den Priestern, Herolden und Opferpriestern wie auch den Vertretern des Staates, führte der Kultstier, mit Girlanden geschmückt, die Frühjahrsprozession an. Die Weihe des Kultstieres war ein feierliches Geschehen, denn durch seinen rituellen Tod heiligte er, als tierischer Aspekt des Gottes, die Zeit des Frühjahrsbeginns und befruchtete die Erde mit seinem Blut, um das Wachstum der Pflanzen zu fördern. Das Fleisch des Stieres wurde dem Gott geopfert und unter die Prozessionsteilnehmer verteilt.
Nach einem uralten Brauch, von dem es heißt, Erechtheus, nach dem griechischen Mythos der Ahnherr des Menschengeschlechts habe ihn gestiftet, opferte man auf dem Altar des Zeus Weizen und Gerste. Der Kultstier näherte sich dann dem Altar und fraß das Getreideopfer. Daraufhin tötete ihn der Priester mit einer Axt, warf diese fort und floh. Gegen die Axt wurde nun ein Strafverfahren eingeleitet, aufgrund dessen diese außerhalb der Stadtmauern geschafft werden mußte oder ins Meer geworfen wurde. Jedes Jahr aber wurde ein neuer Stier gewählt und geweiht, und der Zyklus begann von neuem.
Noch heute gibt es ein jährliches rituelles Stieropfer als integralen

Bestandteil der »Anastenária«, des rituellen Feuerlaufens im Frühjahr in Thrazien, im Nordosten Griechenlands.
Als Feier eines Neubeginns spielte das rituelle Stieropfer besonders in der Minoischen Kultur, aber auch im Mithraskult eine Rolle.
Der Stier verkörperte die solare zeugende Kraft, wie auch die Fruchtbarkeit der Erde, die Macht der Natur. Das Stieropfer bedeutet aber auch den Sieg über die animalische Natur des Menschen und den Sieg des Lebens über den Tod. Der Stier als Sonnensymbol (Taurus) versinnbildlicht das alles erneuernde Wiedererwachen des Frühlings.
Der Hassapicos, der heute überall in Griechenland getanzt wird, war ursprünglich ein Tanz der griechischen Siedler Kleinasiens, wo er in der Nähe des Meeres in der heutigen West-Türkei und in der Gegend von Konstantinopel getanzt wurde.

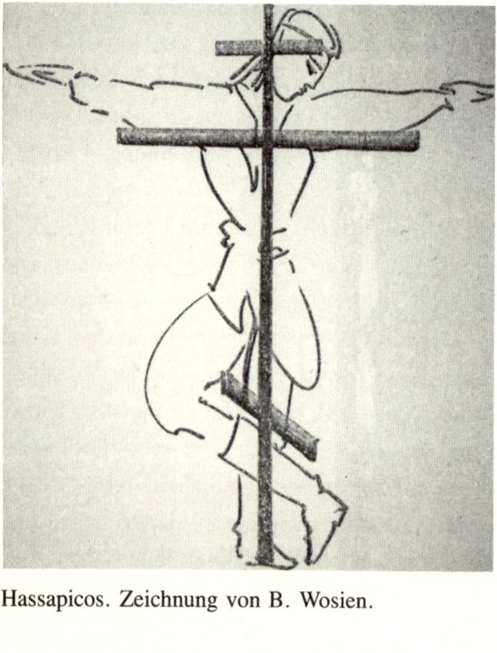

Hassapicos. Zeichnung von B. Wosien.

In dieser Form wurde er in dem Dorf Kymi auf der Halbinsel Euböa entdeckt. (D. Stratou). Inzwischen gibt es viele Variationen dieses Tanzes, dessen Motive auch choreografiert durch den Sirtaki popularisiert wurden.
Als Reihentanz wird er eigentlich nur von Männern, inzwischen auch von Männern und Frauen getanzt, in der Aufstellung Mann/Frau/Mann/Frau: . Dabei liegt der linke Arm über dem rechten; diese verschlungene Armhaltung symbolisiert immer die Einheit der Gegensätze, die Einheit von Leben und Tod. Man steht und tanzt etwas nach vorne geneigt; das linke Bein ist in der Ausgangsstellung vor das rechte gekreuzt (vgl. den Fackelträger als Todessymbol auf der linken Seite vieler Mithrasreliefs).
Die Choreografie des Tanzes basiert auf der Form des Kreuzes, das sich aus den vier Sonnenstellungen des Jahres ergibt. Das Kreuz ist hier Ausdruck des Spannungsfeldes zwischen Kosmos und Erde, Mensch und Tod. Es verbindet mit seinen Achsen die Dimensionen Raum und Zeit und weist auch auf den Menschen hin als Symbol des Lebensbaumes:

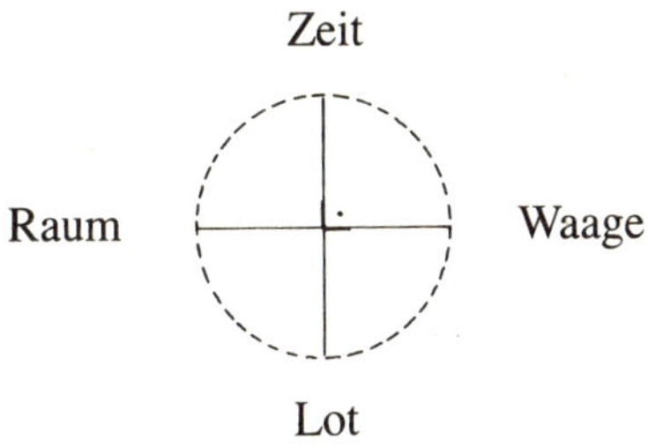

Die Linie vom gekreuzten (gebrochenen) Fuß bis hin zum geneigten Kopf deutet die Energielinie an, die als »gebrochene« Zeit spiralenförmig als Schlange am Kreuz hängt (siehe Abb.).
Der Hassapicos symbolisiert somit das Gesetz des Kreuzes als Weg und Schicksal.
In besonderer Weise taucht das Thema des Opfers wieder im Christentum auf. Nachdem das Tieropfer das Menschenopfer

abgelöst hatte, wurde das mythologische Urthema des sich opfernden Gottes im Menschen erneut symbolisches Geschehen. Im Hassapicos kommt die Darstellung des Kreuzsymbols als Tanzweg, wobei der Tänzer selbst symbolisch das Kreuz in sich trägt, einem Gebet an die Schutzgottheit des Tanzes gleich – die Kaste der Stierpriester ist eine christliche geworden. In Erinnerung an das Lamm Gottes, an den Gottessohn und sein freiwilliges Opfer für den Menschen, wird zu Ostern das Lamm getötet und verspeist.

Takt: 2/4

Rhythmus: ˊ ◡ (Zählweise: 1 und/ 2 und/ usw.)

Handhaltung: Schulterfassung, links über rechts:

Aufstellung: In Reihen zu beliebig vielen Tänzern, leicht vorgebeugt, Front nach vorne:

Bewegungseinheiten: (nach Aufzeichnungen von Dora Stratou) Der Tanz gliedert sich in 11 längere Bewegungsfolgen.

Tanz-Weg:	***Zählweise:***	***Bewegungseinheiten:***
		I Grundmotiv
		Ausgangsstellung: R-stehen, L-Ballen vor R-Standbein gekreuzt aufgestellt. Während der letzten beiden Vortakte mit der L-Hacke kurz aufstampfen.
	1 und:	L-z. Mitte, R-an L-Hacke tip,
	2 und:	R-z. Mitte, Ballen schleifen; R-vor L i. d. Luft kreuzen kick,
	3 und:	R-rück, L-i. d. Luft vor R-kreuzen kick,
	4 und:	L-rück, R-i. d. Luft vor L-kreuzen kick,
	5 und:	R-seit, L-z. Mitte,
	6 und:	R-rück, L-i. d. Luft vor R-kreuzen,

7 und: L-Hacke vor R-Standbein gekreuzt aufsetzen./

II Grundmotiv wiederholen

III

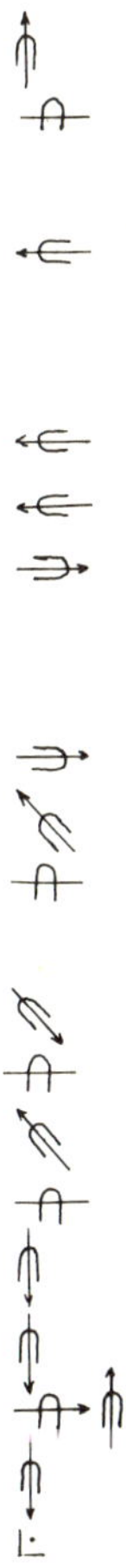

1 und: L-z. Mitte, R-an L-Hacke tip,

2 und: R-z. Mitte Ballen schleifen, R-i. d. Luft vor L-kreuzen kick,

3 und: in GTR: R-vor L-im plié ganzsohlig gekreuzt vorschieben, Fußspitze z. Mitte, L-Ballen nachstellen,

4 und: Motiv wiederholen,

5 und: Motiv wiederholen,

6 und: in TR: L-vor R-im plié ganzsohlig gekreuzt vorschieben, Fußspitze z. Mitte, R-Ballen nachstellen,

7 und: Motiv wiederholen,

8 und, 9 und: in GTR diagonal vor mit tiefem plié auf L und R (R vor L); aufrichten und R in der Luft anheben,

10 und, 11 und: in TR diagonal rück mit tiefem plié auf R und L (L vor R) und aufrichten,

12 und, 13 und: Motiv 8 und 9 wiederholen,

14 und, 15 und, 16 und, 17 und, 18 und: Wiederholung des Grundmotivs 3–7.

Ende der ersten Musikphase.

IV Grundmotiv wiederholen

V

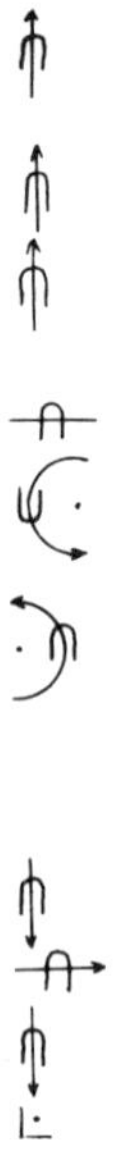

1 und: L-z. Mitte, R-hinter L mit Ballen kreuzen,

2 und: Motiv wiederholen,

3 und: Motiv wiederholen, R-Ballen an L-vorbeischleifen,

4 und: R-vor plié auf beiden Knien,

5 und: im plié ½ Drehung linksschultrig: (L kommt vor R), dabei Arme lösen,

6 und: im plié noch eine ½ Drehung selbe Richtung (L kommt vor R),
L-i. d. Luft vor R kreuzen kick, aufrichten,

7 und
8 und
9 und
10 und } : Grundmotiv 4–7 wiederholen.

VI

1 und: L-z. Mitte, R-an L-Hacke tip,

2 und: R-z. Mitte, Ballen schleifen;
R-vor L i. d. Luft kreuzen kick,

3 und: in GTR: R-vor L plié
kreuzen, L-seit gestreckt schleifen,

4 und: in GTR: R-hinter L plié kreuzen,
L-seit gestreckt schleifen,

5 und
6 und } : In GTR diagonal vor: R-vor L, beide Knie plié, aufrichten u. R-anheben,

7 und
8 und } : mit 3 Schritten R-L-R ganze Drehung rechtsschultrig in TR, L-z. Mitte,

9 und: R-rück, L vor R i. d. Luft kreuzen,

10 und: L-Hacke vor R-Standbein gekreuzt aufsetzen.

VII

1 und 2 und 3 und :	wie Grundmotiv
4 und:	am Platz wiegen: L-R,
5 und:	L-ganzsohlig an R stellen. Ende der zweiten Musikphase.

VIII

1 und:	auf beiden Füßen i. d. Grätsche springen mit plié, strecken;
2 und:	einmal nachwippen (plié), auf L gestreckt stehen, R hinter L i. d. Luft kreuzen (angelegt),
3 und 4 und 5 und 6 und 7 und :	Grundmotiv 2–7

IX

1 und:	L-z. Mitte, R-tip an L Hacke,
2 und:	R i. d. Luft vor L kreuzen,
3 und:	R i. d. Luft zurück hinter L führen und hinter R kreuzen, im plié m. Ballen aufsetzen (= R u. L plié),
4 und:	L-strecken, R-seit i. d. Luft ausstrekken,
5 und:	R vor L i. d. Luft kreuzen (angelegt),
6 und 7 und 8 und :	Ausfall nach rechts (L gestreckt), R plié, ganzen Körper schräg legen, R-zurückschleifen u. anstellen,
9 und 10 und 11 und :	Ausfall nach links (R gestreckt), L plié, ganzen Körper schräg legen, L-zurückschleifen und anstellen.

X Grundmotiv wiederholen

XI

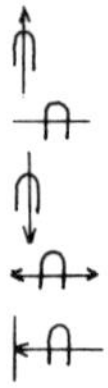

1 und 2 und 3 und	: wie Grundmotiv
4 und:	am Platz wiegen: R-L
5 und:	R-ganzsohlig an L stellen //

Hymnus Christi

(Neutestamentliche Apokryphen, 1. Johannesakten, Vers 1–28; Bach, Konzert für Flöte, G-Moll, Largo)

Die Johannesakten wurden etwa um 140 A.D. niedergeschrieben, doch sind die darin enthaltenen Hinweise auf die Ursprünge des heiligen Reigens wesentlich älter als die Mysterienreligionen des Vorderen Orients. Bis heute aber sind Spuren dieses Tanzes im Ritual der Messe erhalten geblieben.

Am Vorabend seiner Kreuzigung, so berichten die Johannesakten, tanzte Christus mit seinen Jüngern einen Reigen des Mysteriums seiner Sendung und Botschaft, als kosmisches wie als menschliches Drama des Weges und der Erneuerung durch Verwandlung:

Ehe ich jenen überantwortet werde, wollen wir dem Vater einen Lobgesang singen und dann hinausgehen zur Erfüllung dessen, was uns bevorsteht.

Er befahl uns nun, einen Kreis zu bilden, indem wir einander bei den Händen hielten, trat selber in die Mitte und sagte: »Respondiert mir mit Amen!«

Er begann also einen Hymnus zu singen und zu sagen:

(Und wir umkreisten ihn und respondierten mit »Amen«).

1. Ehre sei Dir, Vater!
Ehre sei Dir, Logos!
Ehre sei Dir, Gnade! – Amen.

2. Ehre sei Dir, Geist!
Ehre sei Dir, Heiliger!
Ehre sei Deiner Herrlichkeit! – Amen.

3. Wir preisen Dich, Vater,
wir danken Dir, Licht,
in dem die Finsternis nicht wohnt! – Amen.

4. Wofür wir aber danken, sage ich euch:
Gerettet werden will ich,
und retten will ich! – Amen.

5. Gelöst werden will ich,
und lösen will ich. – Amen.

6. Durchbohrt werden will ich,
und durchbohren will ich. – Amen.

7. Geboren werden will ich,
und gebären will ich. – Amen.

(Ende des Adagios)

8. Verzehrt werden will ich,
und verzehren will ich. – Amen.

9. Gehört werden will ich,
und hören will ich. – Amen.

10. Gedacht werden will ich,
der ich ganz Gedanke bin. – Amen.

11. Gewaschen werden will ich,
und waschen will ich. – Amen.

12. Die Gnade führt den Reigentanz:
flöten will ich – tanzet alle. – Amen.

13. Ein Klagelied anheben will ich,
die Trauergebärde vollführt alle. – Amen.

14. Die Acht lobsingt mit uns. – Amen.

(Ende des Adagios, 1. Wiederholung)

15. Die Zwölf tanzt oben. – Amen.

16. Dem All zugehört der Tanzende. – Amen.

17. Wer nicht tanzt, begreift nicht,
was sich begibt. – Amen.

18. Fliehen will ich,
und bleiben will ich. – Amen.

19. Schmücken will ich,
und geschmückt werden will ich. – Amen.

20. Geeint werden will ich,
und einen will ich. – Amen.

21. Ein Haus habe ich nicht,
und Häuser habe ich. – Amen.

(Ende des Adagios, 2. Wiederholung)

22. Eine Stätte habe ich nicht,
und Stätten habe ich. – Amen.

23. Einen Tempel habe ich nicht,
und Tempel habe ich. – Amen.

24. Eine Leuchte bin ich dir,
der du mich schaust. – Amen.

25. Ein Spiegel bin ich dir,
der du mich erkennst. – Amen.

26. Ein Tor bin ich dir,
der du an mir anklopfst. – Amen.

27. Ein Weg bin ich dir,
dem Wanderer. – Amen.

28. Schwinge dich mit mir im Tanz. – Amen.

(Ende des Adagios, 3. Wiederholung)

(Ende des Reigens)

Der Hymnus besteht aus viermal sieben Versen, das heißt aus achtundzwanzig Versen, was einem Saturn-Zyklus um die Sonne entspricht.
Das Adagio wird während des Reigens viermal wiederholt. Jedes Adagio besteht aus siebenmal elf Schrittmotiven. Jedes Schrittmotiv von elf Schritten entspricht einem Vers, wobei der Sprecher während des Schreitens der Tänzer liest, die ihm beim achten Schritt mit »Amen« respondieren, mit einer gleichzeitigen Verbeugung zur Mitte hin.
Nach siebenmal elf Schrittmotiven – zu Ende der Verse 7, 14, 21, 28 – klingt das Adagio jeweils aus in einer längeren Fermate. Dabei lösen die Tänzer die Hände, erheben sie:  Handflächen zur Mitte, in Anbetung. Da capo:  mit dem ersten Ton der Wiederholung.
Die Präsenz Christi, dessen Stimme hier durch die Flöte symbolisiert ist, kann auch durch eine Kerze in der Mitte des Tanzkreises angedeutet werden, beziehungsweise durch einen Lichtkegel auf dessen Mittelpunkt, der mit dem Ende des Reigens weggenommen wird.

Choreografie: B. Wosien
Takt: 4/4
Rhythmus: Pro Takteinheit einen Schritt
Handhaltung:
Aufstellung: Im geschlossenen Kreis, Front in TR

Bewegungseinheiten:	*Zählweise*
1 R-vor	1 und
2 L-vor	2 und
3 R-vor	3 und
4 L-vor	4 und
5 z. Mitte wenden: R-seit	5 und
6 am Platz wiegen: L-R-L	6 und 7 und
8 z. Mitte: R-plié, Verbeugung: »Amen«, dabei L-hinten anwinkeln, Arme:	8 und
9 L-rück, Arme:	9 und
10 R-vor (TR):	10 und
11 L-ranstellen	11 und // Da capo

Weg-Meditation
(Bach, Suite Nr. 3, Air, D-Dur)

Der Weg der Nachfolge, im Sinne der Bruderschaft Christi, basiert auf einer Tradition der frühen Christen, welche die Stelle auf der linken Schulter, auf der Christus das Kreuz trug, als die siebente Kreuzeswunde rituell verehrten. Die Gebärde des Handauflegens auf die Stelle der Kreuzeswunde war das Erkennungszeichen früher christlicher Brudergemeinschaften.

Choreografie: B. Wosien
Takt: 4/4
Rhythmus: Auf jede Takteinheit einen Schritt

Handfassung und *Aufstellung:*
Der Tanz wird im geschlossenen, aber auch im offenen Kreis als spiralenförmige Schreitprozession getanzt. Die linke Hand liegt entweder auf der Brust oder hängt seitlich herab. Die rechte Hand liegt auf der linken Schulter des Tänzers davor: 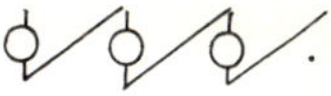.

Bewegungseinheiten:
1 R-vor
2 L-vor
3 R-vor
4 am Platz auf L-zurückwiegen (plié). // Da capo

Vaterunser
(Vivaldi, Konzert für Piccolo-Blockflöte und Streicher, C-Dur, Largo)

Die Gebetsgebärden für das »Vaterunser« sind von den rituellen Gesten abgeleitet, wie sie vor allem in der Ostkirche noch gebräuchlich sind.
Eine begleitende Musik kann ad libitum verwendet werden. Bei verschiedentlichen Anlässen einer Feier mit liturgischem Tanz ist das Gebet wie hier in Begleitung des Largos für Piccolo-Blockflöte in C-Dur von Vivaldi gesprochen worden. Die Musik sollte leise im Hintergrund spielen, während der Sprecher den Text entweder allein spricht oder gemeinsam mit der Gruppe, die die Gebärden ausführt. Für jede Gebärde Zeit lassen, da die Gebärde den Gehalt des Gebetes in Zeichen umsetzt (siehe S. 62 unten).

Aufstellung: Im geschlossenen Kreis (·), Front zur Mitte 

Text:	*Bewegungseinheit:*
Vater unser, der Du bist im Himmel,	Arme vor der Brust, re über li kreuzen;

Geheiliget werde Dein Name,	Hände öffnen sich zur Schale in Augenhöhe; Ellbogen weisen nach vorne; Handflächen innen;
Dein Reich komme, Dein Wille geschehe, wie im Himmel, also auch auf Erden	Hände bilden einen Kreis vor dem Gesicht: re oberhalb von li: Hände langsam vor den Mittelkörper senken, als ob sie eine unsichtbare Kugel halten;
Gib uns heute unser tägliches Brot,	Aneinandergelegte Handflächen zur gewohnten Gebetsgebärde;
Und vergib uns unsere Schuld, wie auch wir vergeben unseren Schuldigern,	Hände vors Gesicht halten, Gesicht in den Handflächen verbergen, Kopf senken;
Und führe uns nicht in Versuchung,	Li Hand aufs Herz legen, re Arm angewinkelt nach vorne halten, Handfläche nach oben;
Sondern erlöse uns von dem Übel,	Beide Arme leicht angewinkelt seitlich des Mittelkörpers halten; Handflächen zeigen nach oben;
Denn dein ist das Reich,	Arme in Orantehaltung, Handflächen nach vorn, Daumen und Zeigefinger beider Hände bilden einen Kreis;
und die Kraft,	dieselbe Haltung, Arme weiter nach außen gebreitet,

	Handflächen offen nach vorne;
und die Herrlichkeit,	Arme nach oben strecken;
von Ewigkeit,	Fingerspitzen berühren sich fast zum Kreis über dem Kopf;
zu Ewigkeit,	Arme werden seitlich heruntergeführt, Fingerspitzen berühren sich fast zum Kreis unten;
Amen.	Arme re über li vor der Brust kreuzen.

Osterprozession

Die Prozession wird von den griechischen Aussiedlern Kappadoziens am Ostersonntag als Kirchgang, aber auch zum Neujahrstag zu Ehren des hl. Basileios von Caesarea getanzt.
Takt: $4/4$, $2/4$
Rhythmus: Nach dem anfänglichen langsamen freien Vorspiel, –́ ◡
Handhaltung: Der erste hat jeweils beide Hände hinter dem Rücken verschränkt; mit angewinkelten Ellbogen fassen die Tänzer der Gruppe mit der rechten Hand den Gürtel des Tänzers vor und mit der linken den Gürtel des Tänzers hinter ihnen; sie stehen dicht, wie Glieder eines Körpers.
Aufstellung: Männer und Frauen getrennt in einem Halbkreis einander gegenüber. Als ein stilisiertes Mäander-Motiv umkreisen die beiden Gruppen den Mittelpunkt des Raumes, Front in TR: ⇛.

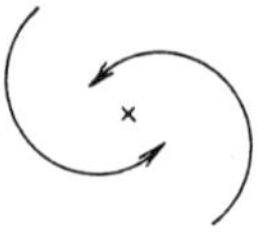

Bewegungseinheiten:

Das erste Schrittmotiv entspricht jeweils einer Hälfte der musikalischen Phase und wird sechsmal getanzt nach freiem Rhythmus.

Erstes Motiv: streng, feierlich und ruhig schreiten ⇒.

1 R-vor
2 L-vor
3 R-vor
4 diagonal z. Mitte wenden ⇗, L-seit / a) i. d. Luft strecken, b) i. d. Luft abwinkeln
5 in TR wenden ⇒, L-Ballen erst aufsetzen, dazu R-auf Ballen anheben
6 L-R zusammen ganzen Fuß aufsetzen. // Da capo; weitere fünfmal.

Zweites Motiv: Das zweite Schrittmotiv ist rhythmisiert: (4/4).
Achtmal in TR: ⇒

1 R-vor,
2 L-vor,
3 R-vor,
4 auf den L-Ballen leicht diagonal z. Kreismitte anspringen ⇗, dann Hacke aufsetzen. // Da capo: ⇒ Federnd schreiten.

Das dritte und vierte Schrittmotiv wird im Wechsel getanzt: achtmal ein federnder Schreitschritt: (2/4).

Drittes Motiv: ⇒

1 R-vor
2 L-vor. // Da capo.

Das vierte Schrittmotiv wird sechzehnmal getanzt in TR: ˍ́ ◡

Viertes Motiv: ⇒

1 a. d. rechten Ballen fallen – plié, Hacke aufsetzen (ˍ́),
2 L-hinten abrollen und gestreckt vor R setzen (◡) // Da capo.

Das dritte Motiv wird achtmal wiederholt.

Das vierte Motiv wird bis Ende der Musik getanzt.

Labyrinthtanz (Tsaconicos)

Es wird im allgemeinen angenommen, daß der Tsaconicos, wie er auf dem Peloponnes heute noch getanzt wird, mit dem Tanz des Theseus verwandt ist, den er zur Feier seines Sieges zu Ehren des Apollo und der Aphrodite auf Delos tanzte. Sowohl Plutarch (*Theseus,* 21) wie auch Callimachus (*Hymnos auf Delos,* 1,307) beschreiben diesen Tanz als *geranos*. Seit frühester Zeit unterhielt der Peloponnes mit dem minoischen Kreta intensive Handelsbeziehungen; seinen Namen hat der Tanz von der Region Tsaconía auf dem Peloponnes.

Takt: 5/4
Rhythmus: ◡◡◡ –́
Handhaltung: Eng untergehakt, dabei ist die linke Handfläche geöffnet: 
Aufstellung: In einer Reihe: Mann/Frau/Mann/Frau im offenen Halbkreis ◡↗, Front in TR: →.
Der Text des Tanzliedes ist scherzhaft und handelt von einer Mutter, die ihre Tochter gegen deren Willen mit einem reichen Mann verheiraten möchte.
Bewegungseinheiten: (nach Dora Stratou):
Der Tanz wird durchweg leicht hin- und herwiegend getanzt. Er besteht aus zwei Motiven, die im Wechsel getanzt werden.
Erstes Motiv:
1 in TR vorwärts: R (◡),
2 L (◡),
3 R (◡),
4 L, gleichzeitig R-ranstellen (–́). //
Weiter immer mit R beginnen.
Zweites Motiv:
(beim Wechsel der Melodie), accelerando:
1 in TR vorwärts: R (◡),
2 L (◡),

3 R (◡),
4 L-von vorne nach rückwärts i. d. Luft »radfahren« u. vor R in TR aufsetzen, dabei R-Ferse leicht anheben (_́). //

Als Feier der Auferstehung kann nach dem Durchlaufen der Umkehrspirale das erste Paar, beziehungsweise in der Folge ein Paar nach dem anderen, das Sonnentor bilden, durch das der ganze Zug hindurchtanzt, während das Tor sich in GTR weiterbewegt und sich schließlich ans Ende des Zuges gliedert.

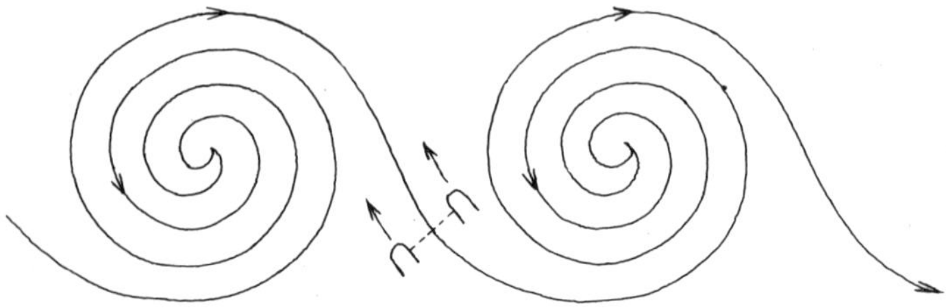

Von der Rücksicht zur Vorsicht,
von der Einsicht zur Übersicht (Kalamatianós)
(Interpretation nach B. Wosien)

Als Tanz von unbeschwerter Heiterkeit und Lebendigkeit, ist der Kalamatianós eine Art Nationaltanz der Griechen. Eigentlich heißt er Syrtós Kalamatianós, das heißt ein Syrtós = Reigen aus der Gegend von Kalamáta im südlichen Peloponnes.

Seine Schrittzahl, zwölf, besteht aus viermal drei Einheiten, jeweils _́ ◡◡, beziehungsweise _́, wobei die Länge etwas überdehnt ist, ◡ v (v = kürzer), also ein Daktylos, der als Raummaß dem goldenen Schnitt entspricht und im Tanz zum Zeitmaß wird. Durch die synkopierte Länge entsteht in der Bewegung ein gleichsam schwebendes Anhalten, während die beiden Kürzen leicht federnd und fließend weitergelaufen werden. Die Zeitwerte sind ebenfalls körpereigene, deshalb entspricht das Taktschema 7/8 auch nur ungenau den unregelmäßigen Rhythmen und deren Qualität.

Die Zahlensymbolik der Zwölf, die in den »klassischen« Tänzen der Griechen öfter zu beobachten ist, wie zum Beispiel im Syrtós Khaniótícos, dem Syrtós aus Khánia (Kreta) und im Ikariótícos, dem Syrtós von der Insel Ikária, weist diesen Tanz dem Einheitszyklus als einem vollendeten Maß zu, das sicherlich kultischen Ursprungs ist – dem Göttervater Zeus (Jupiter) zugeordnet. Jupiter braucht auf seiner Bahn durch den Zodiakus zwölf Jahre. Ein Jahr hat zwölf Monate, Tag und Nacht haben jeweils zwölf Stunden, die zwölfte Stunde ist die letzte Stunde, als zeitliches Maß der Vollendung, usw.

Die Zwölf gliedert sich wiederum in viermal drei Zeiten, auch Jahreszeiten, mit je drei Monaten als Unterteilungen des großen Zeitraumes: Frühjahr – Sommer – Herbst – Winter. Aus der Choreografie des Tanzes gliedert sich dieses Maß wiederum erkennbar in die Themen: Rücksicht – Vorsicht – Einsicht – Übersicht.

Takt: 7/8

Rhythmus: ⁄ ◡ v

Handhaltung:

Aufstellung: im offenen Kreis, auch als Labyrinth getanzt mit vielen verschlungenen Formen (s. Syrtós); Front in GTR: .

Bewegungseinheiten:

Die Längen (⁄) sind jeweils leicht vorschlagähnlich synkopiert angehüpft. Es können beliebig viele Raumfiguren getanzt werden, wie Spiral- und Mäanderformen, wobei die letzten beiden Tänzer auch das Sonnentor bilden können, um dem Tanzzug entgegenzutanzen und ihn durchzulassen; dabei dreht sich der letzte Tänzer zum Schluß einmal um sich selbst: .

1 R-seit (⁄)

2 L-rück kreuzen (plié) (◡)

3 R-vor (v)

4 L-vor (_́)
5 R-vor (◡)
6 L-vor (v)

7 R-vor (_́)
8 L-vorkreuzen plié, dabei R-hinten leicht anheben (◡)
9 R-rückwiegen (v)

10 in GTR: L-seit (_́)
11 in GTR: R-vorkreuzen (relevé) (◡)
12 L-ranstellen (relevé) (v) . // Da capo

Die Qualität des Schrittes ist durchweg leicht und federnd. Bei den ersten beiden Schrittmotiven pendelt der Tänzer von »Rücksicht« zur »Vorsicht«, bei den letzten beiden Schrittmotiven pendelt der Tänzer um seine Achse – von »Einsicht« zur »Übersicht«.

Ausklang

Von seiner Einweihung in die Mysterien der Großen Mutter erzählt Apuleius:

»Ich habe die Pforte des Todes durchschritten,
ich habe die Schwelle der Proserpina* betreten,
ich bin durch die Elemente gegangen
und wieder zur Erde zurückgekehrt.
Mitten in der Nacht sah ich die Sonne
strahlend in hellem Glanz.
Den unteren und oberen Göttern nahte ich mich
und habe zu ihnen gebetet
von Angesicht zu Angesicht.« (32)

Wie einst die Mysterienkulte der Antike, bietet der Reigentanz als *religio* die Erfahrung der Synthese des kosmischen und mystischen Weges. Die Übergabe des persönlichen Ich an die Bewegung im Spiel der Kräfte, in der Ausrichtung auf den Kreismittelpunkt als dem großen Du, getragen von Rhythmus und Melodie, geführt in der Form und gehalten vom Maß der Zeit, führt dazu, den inneren feinstofflichen Eigenbereich und die Schwingungen des Miteinander intensiv zu erleben:

»Bist du hindurchgegangen,
hast du mit allen Sinnen erfahren,
mit allen Fasern deines Leibes erspürt
hast du erlebt,
          erliebt,
          erlitten,
hast du erkannt
was du nicht wissen kannst?

* die Furchtbare, Göttin des Todes

Das Geheimnis des Sterbens,
den Tod in dir,
das große Schweigen.

Das neue Leben tastend,
                noch finde ich es nicht,
                be-greife es nicht,
allein
die Hoffnung
                öffnet die Tür,
macht mich bereit
                zu empfangen.« (33)

»Füße – seid Ohr mir,
        horcht auf die Stille –
        lauscht, überlaßt euch, greift aus –
        schreitet das Maß der Zeit,
        das aus der Tiefe lebt der einen Mitte,
        die ewig ist.

Hände – Brücken zum Du,
        empfangt – aufgetan in Erwartung –
        schenkt weiter – da Erwartung euch erfaßt –
        betet an in Verehrung,
        wölbt das Tor über uns zur Erneuerung,
        schließt den Kreis
        der Vielen um die eine Mitte,
        die ewig ist.

Bilder – steigen herauf,
        fließen in Füße und Hände,
        gewinnen Gestalt
        im Kreis um die eine Mitte,
        die in der Stille ruht und ewig ist.

Und ich weiß: bewegt erfährt,
wer so um die eine Mitte kreist,
die Freude, geboren in der Stille,
und seine Nähe zu IHM.« (34)

Die Spuren der Tanz-Wege, die in Anbetung verbundenen Hände bedeuten noch nicht das Ziel. Durch die Öffnung des Geistes weisen sie in geführter Meditation über sich hinaus zur Transzendenz.

Anhang

Anmerkungen

1 Martin Buber, *Die Erzählungen der Chassidim,* Zürich 1949, 1987[10]
2 R. Ranke-Graves, *Griechische Mythologie. Quellen und Deutung,* Reinbek b. Hamburg 1984, S. 22
3 K. Recheis, G. Bydlinski (Hg.), *Weißt du, daß die Bäume reden,* Freiburg 1983
4 Ezechiel, I
5 B. Wosien, *Kretischer Sommer. Reisetagebuch,* Studienreise des Arbeitskreises Tanz der Münchner Volkshochschule. München 1967, S. 22f.
6 Hermann Kern, *Labyrinthe,* München 1982, S. 41
7 Homer, *Ilias,* XVIII, 590–606
8 Vgl. E. L. Backmann, *Religious Dances in the Christian Church and in Popular Medicine,* London 1977[2]
9 »Hymnus Christi« und »Offenbarung des Kreuzesgeheimnisses«, 1. Johannesakten, *Neutestamentliche Apokryphen,* Bd. 2, E. Hennecke u. W. Schneemelcher (Hg.), Tübingen 1968, S. 153–59
10 Vgl. L. Charpentier, *Die Geheimnisse der Kathedrale von Chartres,* Köln 1983[8], S. 26
11 Honorius Augustodunensis, Gemma animae, I, 139; zitiert in H. Rahner, *Der spielende Mensch,* Eranos Jahrbuch, Bd. 16, Zürich 1949, S. 11–87
12 Zitiert in E. Benz, *Meditation, Musik und Tanz.* In: Abhandlungen der Geistes- und Sozialwissenschaftl. Kl., 1976, Akademie d. Wissenschaft u. Literatur, Mainz, 1976, S. 25f.
13 Meister Eckart, *Sermo,* XXII, n. 209
14 aus: *Dictionnaire de spiritualité*
15 M. Buber, *op.cit.,* S. 134f.
16 N. Kazantzakis, *Rechenschaft vor El Greco* (Rückkehr nach Kreta. Knossos), Reinbek b. Hamburg 1986, S. 127ff.
17 Jelal-uddin Rumi, *Aus dem Diwan,* Stuttgart 1964, Reclam Nr. 8911
18 Vgl. H. Ritter, *Der Reigen der tanzenden Derwische,* in: Zeitschr. f. vergl. Musikwissensch., Jg. 1, Berlin 1933, S. 28–40; ders., *Die Mevlanafeier in Konya vom 11.–17. Dez. 1960,* in: Oriens, Bd. 15, Leiden 1962, S. 249–276; M.-G. Wosien, *Das Mukabele der Mevlevi Derwische,* ORA, Icking 1972.

19 11.–15. Jh.; vgl. O. Bihali-Merin u. A. Benac, *Steine der Bogomilen,* Wien–München 1964

20 Agrippa v. Nettesheim, *Occulta Philosophia,* Köln 1533

21 Abu Muhammad Murta'ish, zitiert von Jullabi Al-Hujwiri, in: *The Kashf Al-Mahjub,* übers. R. A. Nicholson, London 1967, S. 39

22 *Mundaka Upanischade,* III, 2,8

23 Vgl. B. Wosien, *Im Ansturm der Rhythmen,* München 1959

24 Die neun Musen und die ihnen zugeordneten Manifestationsaspekte des Göttlichen sind: Erato – Lyrik, Euterpe – Flötenspiel, Kalliope – epische Dichtung, Kleio – Geschichtsschreibung, Melpomene – Gesang/Tragödie, Polyhymnia – ernster Instrumentalgesang, Terpsichore – Tanz, Thalia – Komödie, Urania – Astronomie

25 Plato, *Gesetze,* 654 a/b.

26 Vgl. H. Koller, *Musik und Dichtung im alten Griechenland,* Bern–München 1963

27 Ashvaghosha, *The awakening of faith,* Chicago 1900, S. 78

28 Weisheit des Zen

29 Zitiert nach: K. Hoffmann, *Tanz, Trance, Transformation*, München 1985^{2}

30 »Hymnus Christi«, a.a.O.

31 J. E. Berendt, *Nada Brahma. Die Welt ist Klang,* Reinbek b. Hamburg 1985^{2}, S. 133

32 Apuleius, *Metamorphosen,* XI, 23

33 Gedicht von Klaus Growe, nach einem Seminar zum Thema »Die tanzende Göttin«, April 1985.

34 Gedicht von Ruth Musall zum Seminar »Meditation des Tanzes«, Februar 1987

Ausgewählte Literatur

Anoyanakis, Fivos, *Greek Popular Musical Instruments,* Athen 1979

Backmann, E. Louis, *Religious Dances in the Christian Church and in Popular Medicine,* London 1977^{2}

Benz, Ernst, *Meditation, Musik und Tanz.* Über den Handpsalter, eine spätmittelalterliche Meditationsform aus dem Roseturm des Mauburnus, in: »Abhandlungen der Geistes- und Sozialwissenschaftlichen Klasse, Akademie d. Wissenschaft u. Literatur«, Mainz 1976

Berendt, J.-Ernst, *Nada Brahma. Die Welt ist Klang,* Reinbek b. Hamburg 1985^{2}

Berger, Teresa, *Liturgie und Tanz. Anthropologische Aspekte, historische Daten, theologische Perspektiven,* St. Ottilien 1985
Bihali-Merin, O., u. *Benac,* Alojz, *Steine der Bogomilen,* Wien–München 1964
Bittner, Christine, *Der religiöse Ausdruckstanz. Erfahrungen mit Jugendlichen in Katechese und Gemeinde,* München 1982
Brinkmann, A., *Altgriechische Mädchenreigen,* in: »Bonner Jahrbücher«, 130, Bonn 1925
Capra, Fritjof, *Der kosmische Reigen. Physik und östliche Mystik – ein zeitgemäßes Weltbild,* Bern–München–Wien 1977
Charpentier, Louis, *Die Geheimnisse der Kathedrale von Chartres,* Köln 1983[8]
Cullmann, Oscar, *Urchristentum und Gottesdienst,* in: »Abhandlungen zur Theologie des Alten und Neuen Testaments«, III, Zürich 1950
Daniels, M., *The dance in Christianity. A history of religious dance trough the Ages,* New York 1981
Davies, J. G., *Liturgical Dance,* SCM Press 1984
Doczi, György, *Die Kraft der Grenzen. Harmonische Proportionen in Natur, Kunst und Architektur,* München 1985[2]
Fehrle, Eugen, *Feste und Volksbräuche im Jahreslauf europäischer Völker,* Kassel 1955
Fisk, Margaret P., *The Art of the Rhythmic Choir. Worship trough Symbolic Movements,* New York 1950
Georgiades, Thrasybulos, *Musik und Rhythmus bei den Griechen. Zum Ursprung der abendländischen Musik,* Reinbek b. Hamburg 1958
Göttner-Abendroth, H., *Die Göttin und ihr Heros,* München 1984[4]
Günther, Dorothee, *Der Tanz als Bewegungsphänomen,* Reinbek b. Hamburg 1962
Harrison, Jane E., *Ancient Art And Ritual,* London 1914
Hennecke, E., und *Schneemelcher,* W. (Hg.), *Neutestamentliche Apokryphen* (Johannesakten), Tübingen 1968, Bd. 2, S. 153–159
Hoffmann, Kay, *Tanz, Trance, Transformation,* München, 1985[2]
Holden, Rickey, und *Vouras,* Mary, *Greek Folk Dances,* Newark, New Jersey 1965
Huizinga, Johan, *Homo ludens. Vom Ursprung der Kultur* im Spiel, Reinbek b. Hamburg 1956
Hunger, Herbert, *Lexikon der griechischen und römischen Mythologie,* Reinbek b. Hamburg 1980[6]
Kakoure, Katerina J., *Dionysiaka. Aspects of the Popular Thracian Religion of today,* Athen 1965
Kerényi, Karl, *Vom Labyrinthos zum Syrtos. Gedanken über den griechischen Tanz,* in: »Humanistische Seelenforschung«, München–Wien 1966, S. 274–288

Kern, Hermann, *Labyrinthe. Erscheinungsformen und Deutungen. 5000 Jahre Gegenwart eines Urbildes,* München 1982

Knuchel, Eduard F., *Die Umwandlung in Kult, Magie und Rechtsbrauch,* in: »Schriften der Schweizerischen Gesellschaft für Volkskunde«, Bd. 15, Berlin–Straßburg 1919

Koller, Hermann, *Die Mimesis in der Antike. Nachahmung, Darstellung, Ausdruck,* »Dissertationes bernenses«, ser. 1, fasc. 5, Bern 1954

–, *Musik und Dichtung im alten Griechenland,* Bern–München 1963

Kükelhaus, Hugo, *Urzahl und Gebärde. Grundzüge eines kommenden Maßbewußtseins,* Zug 1984

Lander, H.-M., *Tanzen will ich. Bewegung und Tanz in Gruppen und Gottesdienst,* München 1983

–, und *Zohner, M.-R., Meditatives Tanzen,* Stuttgart 1987

Lawler, Lilian B., *The Dance in Ancient Greece,* Middletown, Conn. 1978[2]

–, *The Dance of the Ancient Greek Theatre,* University of Iowa, 1974[2]

–, *The Geranos Dance – A New Interpretation,* Transactions of the American Philological Association 77, 1946. S. 112–130

Loos, G., und *Eibach,* H., *Der meditative Tanz,* in: »Musiktherapeutische Umschau«, 1983, S. 281–290

Loutzaki, Rena, *The traditional Dance in Greece,* Thessaloniki 1985

Lukian (von Samosata), *Sämtliche Werke,* Bd. IV, Klassiker des Altertums, 1. Reihe, Bd. X, München–Leipzig 1911

Lurker, Manfred, *Der Kreis als Symbol im Denken, Glauben und künstlerischen Gestalten der Menschheit,* Tübingen 1981

Makrakis, Basil, *Fire Dances in Greece,* Iraklion, Kreta 1982

Malten, Ludlof, *Der Stier im Kult und mythischen Bild,* in: »Jahrbuch d. deutschen Archäologischen Instituts«, Bd. 43, S. 90–139, 1978

Megas, George A., *Greek Calendar Customs,* Athen 1982[3]

Melas, Evi (Hg.), *Tempel und Stätten der Götter Griechenlands,* Köln 1970

Neumann, Erich, *Die Große Mutter. Eine Phänomenologie der weiblichen Gestaltungen des Unbewußten,* Olten–Freiburg 1978[3]

Nilsson, Martin P., *Die Prozessionstypen im griechischen Kult. Mit einem Anhang über die dionysischen Prozessionen in Athen,* in: »Jahrbuch d. kaiserl. deutschen Archäolog. Instituts«, Bd. 31, 1916, S. 309–339

Nouwens, Lambert, *Tanzend zwischen Gott und Welt,* Wien 1982

Ohm, Thomas, *Die Gebetsgebärden der Völker und das Christentum,* Leiden 1948

Otto, Walter, F., *Menschengestalt und Tanz,* München 1956

Petrides, Ted, *Greek Dances,* Athen 1977

Prudhommeau, G., *La Danse Greque Antique,* 3 Bde., Paris 1965

Puchner, Walter, *Brauchtumserscheinungen im griechischen Jahreslauf,* in: Theaterwissenschaftlich-volkskundliche Querschnittsstudien zur süd-

balkan-mediterranen Volkskultur. Veröffentlichungen d. Österr. Museums f. Volkskunde, Bd. XVIII, Wien 1977
Pulver, Max, *Jesu Reigen und Kreuzigung nach den Johannesakten,* »Eranos Jahrbuch«, Zürich 1942, S. 141–177
Rahner, Hugo, *Der spielende Mensch,* in: »Eranos-Jahrbuch«, Bd. 16, Zürich 1949, S. 11–87
Random, Michel, *Mawlana. Le Soufisme et la danse,* Sud-Editions, Delhi–Tunis 1980
Ranke-Graves, Robert, *Griechische Mythologie. Quellen und Deutung,* Reinbek b. Hamburg 1984
Rhomaios, K. A., *Greek Popular Dances and especially Kalamatianos,* in: »Thessaloniki Labyrinth I«, 1973, S. 49–57
Ritter, Helmut, *Der Reigen der tanzenden Derwische,* in: »Zeitschrift für Vergleichende Musikwissenschaft«, Jg. 1, Berlin 1933, S. 28 bis 40
–, *Die Mevlanafeier in Konya, 11.–17. Dez. 1960,* in: »Oriens«, Bd. 15, Leiden 1962, S. 249–276
Rosenberg, Alfons, *Kreuzmeditation. Die Meditation des ganzen Menschen,* München 1976
Russ, Rainer (Hg.), *Gott bei den Tänzern und Narren,* Trier 1980
Sachs, Curt, *Eine Weltgeschichte des Tanzes,* Hildesheim–New York 1976 (Neuaufl. v. 1933)
Santarcangeli, Paolo, *Labyrinth, Tanz, Spiel,* in: »Antaios«, Bd. 9, Nr. 5, 1968, S. 500–512
Schiel, M. u. R., *So tanzt Griechenland,* Köln 1984
Schnapper, Edith B., *Labyrinths and Dances in Christian Churches,* in: »Festschrift Otto Erich Deutsch zum 80. Geburtstag« (Hg. W. Gerstenberg), Kassel 1963, S. 352–360
Schult, Arthur, *Maria-Sophia. Das Ewig Weibliche in Gott, Mensch und Kosmos,* Bittigheim 1960
Stathaki-Koumari, R., *Webkunst in Kreta. Ornamentik und Symbolik,* in: »Die Karawane«, Heft 4, Ludwigsburg 1974
Stratou, Dora, *Griechische Volkstänze als lebendiges Bindeglied zur Vergangenheit,* Athen 1967
–, *Ellenikoi Paradosiakoi Choroi* (Traditionelle Tänze Griechenlands), Athen 1979
Streit, Jakob, *Sonne und Kreuz. Irland zwischen Megalithkultur und frühem Christentum,* Stuttgart 1986 (Neuaufl. v. 1977)
Sudbrack, J., *Zur religiösen Erfahrung des Tanzes. Texte und Anregungen,* in: »GuL«, Bd. 48, 1975, S. 388–394
Tölle, Renate, *Frühgriechische Reigentänze* (Dissertation), Waldsassen 1964
Webster, T. B. L., *The Greek Chorus,* London, 1970

Weege, Fritz, *Der Tanz in der Antike,* Hildesheim–New York 1976 (Neuaufl. v. 1926)
Wirth, Herman, *Die heilige Urschrift der Menschheit,* 3 Bde., Leipzig 1936
Wolters, F., *Hymnen und Lieder der christlichen Zeit,* Bd. I, S. 26–27, Berlin 1923
Wosien, Bernhard, *Im Ansturm der Rhythmen,* München 1959
Wosien, Maria-Gabriele, *Das Mukabele der Mevlevi Derwische,* ORA, Icking 1972
–, *Tanz – im Angesicht der Götter,* München 1986